高质量对话

金文 ⊙著

快速抓住
对话重点的
沟通技巧

Dialogue

沈阳出版发行集团
沈阳出版社

图书在版编目（CIP）数据

高质量对话 / 金文著．—沈阳：沈阳出版社，2017.8

ISBN 978-7-5441-8540-0

Ⅰ．①高… Ⅱ．①金… Ⅲ．①口才学 Ⅳ．①H019

中国版本图书馆CIP数据核字（2017）第169329号

出版发行：沈阳出版发行集团 ｜ 沈阳出版社
（地址：沈阳市沈河区南翰林路10号　邮编：110011）
网　　址：http://www.sycbs.com
印　　刷：北京嘉业印刷厂
幅面尺寸：170mm×240mm
印　　张：14
字　　数：237千字
出版时间：2017年8月第1版
印刷时间：2017年8月第1次印刷
选题策划：郑　为
特约编辑：郭海东　张　颖
责任编辑：王冬梅
封面设计：思源工坊
责任校对：孙　泽
责任监印：杨　旭

书　　号：ISBN 978-7-5441-8540-0
定　　价：38.00元

联系电话：024-24112447
E-mail：sy24112447@163.com

本书若有印装质量问题，影响阅读，请与出版社联系调换。

前 言
PREFACE

　　我们总是想在生活中寻找一种可以替我们解决许多问题的办法，也就是说，在遇到不同问题时，我们只要使用这一方法，便能一劳永逸。而优秀的口才，恰恰正是这样一种方法。它就像一把万能钥匙，可以在生活中帮我们打开不同的锁，例如，困扰你人际交往的交际之锁，给你工作带来麻烦的职场之锁，等等。我们只要恰当地使用自己的口才，便能在面临这些问题时，轻易地将困难克服掉。

　　下面这个故事中的主人公阿凡提，就拥有了这把万能钥匙，并很好地使用了它。

　　有一个挑夫挑着担子在路上走着，他非常饿，已经到了难以忍受的地步。于是，他在路旁的小店里要了一只烤鸡。在他准备付钱时，蛮横的店主竟然要求挑夫付高出正常价格几百倍的钱。理由是鸡能生蛋，蛋能孵鸡，这样算起来，被挑夫吃掉的鸡便十分值钱。店主见挑夫身上钱不多，就把他告到了官府。

　　聪明的阿凡提得知缘由后，主动去替挑夫打官司。他故意晚一些到官府，县官看他迟到了，很生气，问他迟到的缘由。

阿凡提说道："我明天就要种麦子了，可是我的麦种还没有炒熟呢！我忙着在家中炒麦子呢。"

县官骂他疯了。哪有炒熟的麦子能下种的。

阿凡提以镇定的语气说道："县官大人，既然炒熟的麦子不能下种，难道烤熟的鸡还能下蛋吗？"

阿凡提还遇到过一件类似的事：

一个放高利贷者向阿凡提借铁锹。

阿凡提说："真不巧，我的铁锹正在生小铁锹呢。"

放高利贷者很是好奇："铁锹还能生娃娃不成？"

阿凡提反唇相讥："那你的铜钱怎么能生娃娃呢？"

在这两个例子中，面对别人的恶意压榨，阿凡提并没有慌张，而是很好地运用了自己的口才，使用请君入瓮的方法，巧妙地利用对方荒谬至极的逻辑去反击对方。试想如果阿凡提只是像普通人那样去争辩，结果就该另当别论了。正是因为他很好地运用了口才这把万能钥匙，才巧妙地解决了面临的问题。

也许很多人会觉得把口才说成是万能钥匙有些夸大其词。但是在我们的生活中，良好的口才恰恰能扮演好这样一个角色。就像上面的例子，主人公在处于近乎锁死的困境中时，运用睿智的口才将这把锁轻松地解开了。试想我们在生活中遇到的揶揄，在工作上遇到的刁难，又何尝不是一把锁住我们前进脚步的锁呢，正是这样的锁阻碍了我们的发展。很多时候，只要我们巧妙地运用口才，就不会被这样的困境困住，依旧能迈开大步向着目标前进。

好的口才不仅能起到很好的说明作用，而且还能起到说服作用。在别人明白你的意思之后，你的话语才能更好地说服别人。不仅如此，在一些重要场合，优秀的口才还能充分控制当前的形势，让别人的话顺着你的方向说下去，这在社交场合里是很重要的一项能力。谈话节目里的主持人总能很好地把握节目内容的发展，即使出现一些突发情况，他们也能轻松面对，这恰恰是这种能力的体现。

更多的时候，我们只是在心里默默地羡慕甚至嫉妒别人的好口才。其实只要我们在生活中多留心、多注意自己的表达方式，在话说出口之前多考虑考虑，我们也能像他人一样，在困境中从容地拿出这把万能钥匙，实现高质量对话。

目 录
CONTENTS

第一章 好好说话，让对话更有质量

- 情自肺腑出，方能入肺腑 / 003
- 来而不往，怎么对话？ / 007
- 借水行舟，巧入正题 / 011
- 自我感觉要良好 / 013
- 语言通俗，才能易懂 / 015
- 倾听是一种良好的沟通 / 018

第二章 一开口就打动人心

- 好的开始是成功的一半 / 027
- 叫对名字，拉近距离 / 030
- 未见其人，先闻其声 / 035
- 争赢别人并非乐事 / 038
- 好话会说，才算好 / 042
- 我懂你的"欢喜" / 046
- 抓住好奇的天性 / 049

第三章　说到点子上，聊到心坎里

- 055 / 投其所好，说对方想听的
- 059 / 三十六计，"攻心"为上
- 062 / 废话连篇要不得
- 065 / 遇什么人说什么话
- 067 / 什么场合说什么话
- 069 / 说话，不看数量看质量
- 072 / 人人都爱听故事

第四章　学幽默之道，不做讨厌之人

- 077 / 让幽默来"拯救"针锋相对
- 081 / 幽默来了，尴尬就没了
- 085 / 随时随地，幽默一下
- 088 / 幽默让你我更亲近
- 092 / 幽默不是你想幽，就能幽
- 096 / 教你几招幽默技巧
- 102 / 玩笑有度，物极必反

第五章　巧言妙语，和谁都能聊得来

- 109 / 从学"称赞女人"开始
- 112 / 想说服他，就夸他
- 115 / 赞美有"借口"
- 123 / 赞美"要求"真不少
- 126 / "花言巧语"易成事
- 131 / 巧言妙语，解除危机

第六章 良药不苦口，说话要让人舒服

避实就虚，让人体面地接受 / 139
忠言不一定非要逆耳 / 141
都是聪明人，点到为止 / 147
给对方一个台阶 / 150
智慧藏于谈吐之间 / 152
巧妙化解尴尬 / 155

第七章 说服与反驳他人的妙招

让你的话步步为营 / 161
对，你说得都对 / 163
拥护对方的利益 / 166
"先顺后逆"有奇效 / 170
恭维放在反对前 / 174
以退为进：退一步，进两步 / 177
以毒攻毒，毒能解毒 / 180
反驳，要强势来袭 / 183
迂回出击，克敌制胜 / 186

第八章 柔软对话效果更佳

横冲直撞，非死即伤 / 191
话在明处，意在暗处 / 194
给个暗示，聪明人不明说 / 198
转个弯才不会撞墙 / 201
移植意见，让对方觉得那是他的主意 / 205
绕弯子，兜圈子 / 209
软化锋芒，含蓄说话 / 211

第一章 好好说话，让对话更有质量

情自肺腑出，方能入肺腑

真诚是人所不可缺少的美德之一，真诚地对待周边的一切。以真诚悦人，身边自然会多出很多友人，成为你人生和事业的助力。"精诚所至，金石为开"，好口碑必须具备的元素就是真诚和热情，真诚指内容，热情指态度，内容上意思表述明确、态度上热情饱满，俗话说"情自肺腑出，方能入肺腑"，对方感受到了你的真诚和热情，也会积极地回应你，使相处的气氛更加融洽。

有一个做了十几年推销工作的店员，由于工作需要，他必须每天微笑面对客户，并不断向不同的人吹嘘那些并没有那么优秀的产品，他觉得累极了，夸大其词地吹嘘让他失去了对这份工作的热情和兴趣，甚至觉得生活也毫无色彩，为了摆脱这种心理压力，他打算换一种方式面对客户——坦率真诚，不吹嘘，即使被解雇也无所谓。有了这个念头之后，他觉得轻松多了。

一天，他接待了一个来买折叠桌子的客户。这款桌子能够自由调节高度。他按照客户的要求将桌子搬来，然后介绍说：

"老实说，我个人不建议您买这款桌子，这款是店里退货最多的产品。"

"是吗？我在很多店里都看到过这种桌子，而且我觉得它应该很实用啊？"

"您说的没错，因为它款式新颖，现在很多人买它，但是它并没有传说的那么好，功能越多，结构就越复杂，很多功能就会大打折扣，比如升降就可能做不到想象中的那么自如。"

他边说边用脚重重地踏向离合踏板，像这种离合踏板，只需要轻轻踩踏就可以升起，可是他用力过大，所以桌子猛地升起来，撞到了客户的下巴，他赶紧道歉，可是客户却笑了，对他说："谢谢你的提醒，我会再仔细地看一看。"

"没关系，您请便，还有您仔细地看看桌子的木料，其实并非上乘。坦白地说，我劝您还是别买这种桌子，可以看看店里其他的桌子，当然，如果没有满意的也可以到其他店里看看。"

客人似乎很高兴，而且出乎意料地买下了这张桌子。

客人走后，他被主管叫去狠狠地训了一顿，并被炒了"鱿鱼"，要求他在今天就将离职手续办完。可是他一点也不后悔，从主管办公室出来之后，他将手头的工作和同事交接过后就去人事部办理离职的手续。当他收拾好东西准备离开时，店里进来了十几个人，指名要找他买家具，他坦率真诚地为他们服务，很快就促成了一大批订单。

这件事情惊动了经理，后来他不仅没有被辞退，经理还主动提出付比之前多出三倍的工资和他续约，并答应给他比其他店员多出一倍的假期。之后，经理还将他对客户如实介绍产品的方法在店里推广。

其实这种真诚沟通的方式，不仅在服务行业能产生奇效，在政治领域同样有效。

1952年，尼克松作为艾森豪威尔竞选总统的搭档，为赢得更多的选票四处奔走。可是在这个关键时刻，《纽约时报》却报道了一则关于他的受贿丑闻。这则消息不仅影响了尼克松，还给共和党的竞选带来了不利的影响。为了摆脱困境，共和党不惜花费重金邀请了全国60多家电视台、700多家电台，让尼克松通过媒体向公众澄清事实。能否重新取得选民的认可，成败在此一举。

　　可是让尼克松没有想到的是，在他进入录音室的前一分钟，共和党的代表却通知他录音结束之后主动辞职。换句话说，共和党和艾森豪威尔为了自身的利益已经决定抛弃他。无可奈何的尼克松决定放手一搏。他将自己的财务状况公之于众，包括他的财产和负债情况。

　　这种行为在政治史上是很少见的。他不仅将自己的经济状况详细地告知听众，还将自己的日常开销也一并公布了。他说的每一件事情，几乎每天都发生在人们的身边，所以选民很容易就接受了他说的全部事情。

　　最后尼克松满怀感激地说："我还应该说的是，我太太帕特没有貂皮大衣……还有一件事，也应该告诉你们，我确实是在竞选的过程中收到过一份礼物。我的太太曾经在广播中说过，我的两个宝贝很想要一只属于自己的小狗，而德克萨斯州的一位听众正好听到了这个广播，于是给我们寄来了一只西班牙长耳小狗，我6岁的小女儿西娅给它取名叫切克尔斯，她非常喜欢那只小狗。当然，不论别人怎么说，我们都要把它留下来。"

　　尼克松的演讲博得了选民的同情，获得了巨大的成功，短短几天就收到了数百万人的电话、邮件和来信，共和党的重要人物也给尼克松发来了赞扬的电函，而且很多人还通过邮局给他寄来了捐款，数额达到了5万美元。尼克松通过这次演讲，不仅澄清了事实，还赢得了选民的信任。

后来，当人们再次提及这次演讲时，还会被他的真诚和淳朴打动。所以说，尼克松的胜利要归功于"诚意策略"。

可见，真诚和热情的沟通，能够成为我们生活和工作的助力，反之，如果言不由衷，就会失去他人的信任，影响个人的形象和声誉，从而影响前途。因此，有远见卓识的人，始终都会将"诚"作为自己的处事基础，不会弄虚作假，因为投机取巧和巧言令色的面具总有一天会被揭穿，虚情假意永远逃不过人们的眼睛，也永远说服不了大众。

来而不往，怎么对话？

在人际交往中，要想把信息、思想和情感在个人或群体间传递，并且达成共识，可以有很多种方式，但是毋庸置疑，语言是人类沟通中最有效的方式之一，尤其是在传递信息方面最有效。

交谈的目的是为了沟通，沟通是双向的互动过程，而很多人将单方面的通知误以为是沟通。

李先生是广东惠州出口加工厂的老板，工厂规模不小，员工有五六百人，他在经营方面很有经验，在管理上也卓有成效，员工的福利待遇很好，加之他本人和蔼可亲，员工都很喜欢这里，工作勤勤恳恳，工厂的效益蒸蒸日上。

但是在员工眼里无所不能的老板，也有灰心丧气、力不从心的时候，和儿子沟通的时候。父子俩不见面就罢了，见面肯定说不了三句话就起争执，结果不是儿子摔门离开，就是父亲被气得直跳脚。

这天，父子俩又因为儿子晚归吵了起来，争得面红耳赤，李先生已经做好了跟儿子斗争到底的准备。可是今天还没有吵两句，儿子突然转变了态度，一改往日的倔强，心平气和地说："老爸，我们天天这么吵下去实在是伤神又费力,而且根本不能解决问题,不如我们坐下来好好谈谈。"

"谈什么。"

"那就先从我们刚才各自说过的话谈起吧,您能把我刚才说过的话重复一遍吗?"

"啊?"李先生没有明白儿子的意思,但还是说:"你说我看不起你,所以老是找茬。"

儿子摇摇头说:"不,爸爸,这句话是您说的,不是我。"

"怎么可能,浑小子,你别想转移话题,既然你觉得我说的不对,那你自己把刚才的话重复一下。"

"老爸,您看,从头到尾您都不知道我想要表达的意思,所以我们再争吵下去也毫无意义,不如这样吧,我说一句您就重复一句,您说过的话我也重复一遍。"

"你小子别给我岔开话题,我没有那么多时间跟你做这么无聊的游戏。"

"老爸,您不试试怎么知道我这种办法不行呢?您仔细想一下,我刚才到底说了什么?"

李先生终于摇摇头说:"我真的想不起来了,反正就是我刚才说的那个意思。"

"好吧,我来重复一下我刚才说的话,我说父亲很能干,做儿子的除了骄傲和敬佩之外,难免会有压力。"

李先生仔细想想,似乎是这样,那么自己当时为什么会那么激动呢?于是父子俩心平气和地坐了下来,将之前争吵的内容重新回顾了一下,然后接着讨论,两个小时过去了,交谈还在继续,而且气氛很融洽,事后李先生自己都不敢相信。

谈完已经很晚了,李先生虽然没有休息多久就起来去工厂了,但是却没有以往争吵之后的疲惫和烦躁,而是感觉神清气爽。

恰巧早晨公司有晨会,讨论采购新设备的问题。采购部一共提出了两个方案,从美国或者是日本购进。从报价上来看,日本的设备相对便宜一点,在质量上也并不比美国的逊色,但是综合考虑,总工程师还是觉得从美国采购更合适。

通常在这样的会议上,李先生总是会礼貌地请工程师和各个部门的负责人畅所欲言,但是并不一定会采纳他们的意见。人处在高位的时间长了,都喜欢独断专行,而且在没有讨论之前老板心里其实已经有了结果,会议多数情况都是形式而已。大家都心知肚明,作为老板能省钱的地方自然不想花更多的钱,所以总工程师礼貌地说了几句自己的想法就坐下了。

按照惯例,这时候,李先生会发表自己的意见,然后拍板,但是今天他一反常态,笑着对工程师说:"我来重复一下你阐述的要点,你看我理解的对不对:日本的机器相对于美国的来说物美价廉,表面上看是很不错的选择,但是他们的售后服务却跟不上,所以将来机器出现了问题会耽误很多时间去解决,加之我们这方没有精通日语的人,对方也没有精通中文的专家,翻译也不可能将设备上的一些术语翻译的很精确,所以会出现连续的恶性反映,倘若出现这些问题,那么解决问题所需要花费的人力物力是无法用金钱衡量的,而购买美国设备恰好能避免这些问题,所以总体看来,买美国的要划算得多。"

听着李先生的复述,工程师的眼睛越来越亮,于是等李先生讲完之后,他开始将之前没有说完的话又补充了一下,其他人看到这种情况也加入了讨论，最终将两种设备的优劣又详细的进行了对比，买哪种设备就一目了然了。

可见，解决问题的最有效的方式就是心平气和地沟通，了解对方的想法，同时也让对方了解你的想法。当彼此明白了对方的观点之后，在找论点驳斥，这样沟通会更有效果。

宾夕法尼亚大学法律系教授艾德恩凯迪博士，在他二十年的执教生涯中，总会在迎接新生的第一堂课上重复做同一件事情：在黑板上写下4和2，然后问学生结果是多少。

几乎每一次学生的答案都是相同的：6或者2，但无论是哪一种，他都会摇头。有的学生还会说是8，他仍然摇头。

看着学生们疑惑的眼神，他解释道："我问你们结果是多少时，你们没有人问我这道题是加法、减法还是乘除法。你们根本不知道问题是什么，又怎么能说出真正的答案呢？"

其实这样的错误我们经常犯，没有仔细听对方的话，却急着下了定论，这样怎么能够让对方信服呢？自说自话的人，不能让语言发挥出其应有的魅力来。来而不往非礼也，只有在你来我往的讨论中才能找到最终达成共识的点。所以切记，在人际交往中，一定要学会倾听他人的意见，从中找到话题共同点，从而达到有效沟通。

借水行舟，巧入正题

因为交谈的内容和交谈的对象不同，所以在进入交谈主题时，有时候需要直截了当，有时候需要先说些题外话，再进入正题，以此达到说话的目的。当对方知道你的来意或者是之前已经约定好要交谈的内容时，用直截了当的方式不仅节约时间，而且会让对方集中思绪，效果会更好。这个时候，如果题外话太多，甚至会让对方认为你是故意拖延时间，对这件事情不够重视，直接影响交谈的顺利进行。

当然，在现实中，多数交谈的场合还是需要做准备工作的，太急于求成或者太急躁，很可能会让对方反感，尤其是你打算通过交谈让对方接受你的观点或者建议时，直接将谈话切入正题，很可能对方会拒绝。这个时候，你在进入正题之前，先谈一些题外话然后找到突破口后再进入正题，结果可能就会不一样。

一次，一个数学老师踏着铃声走进教室的时候，一向守纪律的学生突然大笑了起来，他感到莫名其妙。坐在最前排的一个学生提醒道："老师，您的扣子扣错了。"老师低头一看果不其然，第一排的扣子扣到了第二排扣眼里，以下依次类推。他感到一丝尴尬，可是尴尬的情绪转瞬即逝，只见他若无其事地走到讲台上，说："这是个意外，我想事情想得太入神了，扣错在所难免，不过这也没有什么好笑的，你们昨天解题的时候，也犯了相同的错误，运用数学公式时张冠李戴。"

这位老师很睿智，利用自己不小心犯的错误引到今天要说的正题上，既给自己解了围又顺势指出了学生在做题时所犯的类似错误，自然又贴切，让学生记忆深刻。同样是这件事情，如果老师用强硬的口气告诉学生不该嘲笑老师，然后再指出习题中出现的问题，试想一下，效果会怎样。

因此，如果以后我们也碰到类似的问题时，只有巧借其势，用巧妙的语言，自然又贴切地加以引导，才能达到巧入正题的目的。

很多时候，"借水行舟"巧入正题能够有效地达到我们谈话的目的，甚至能将陷入尴尬境界的人解脱出来。但是，"借水行舟"一定要"借"的自然、巧妙，如果太过于牵强附会只会弄巧成拙。当然要想"借水行舟"巧入正题除了依赖于经验的积累，还要注意几点：

对所借的"水"要有一定的认知，即对谈论的内容有一定的认识，否则说起来就会缺乏吸引力；不要说得太多，要顾及听者的感受，给对方畅所欲言的机会，让对方也表明他的观点。这样不仅可以让你的谈话能够"对症下药"，更可以让对方获得被尊重感，拉近你们之间的距离；利用语言明确表达你的意思，不要让人捉摸不定。

自我感觉要良好

很多人在谈话的时候，为了表示自己在认真地听，就会不断地重复他人的话尾，变成一只"八哥"！

F.R.施赖勃在《人格裂变的姑娘》一书中，就有这方面的描述：海蒂在玩弄文字方面的本事不在她玩弄窗帘和灰尘的本事之下。要说些合辙押韵的话，她简直是出口成章。她还养成一种重复别人话尾的习惯。若有人说："我得了这么一种头痛……"海蒂就要重复："这么一种头痛。"

会当接话尾的"八哥"的人，自信心不足，太怕别人看轻自己，认为自己什么都不懂；而会在别人没讲完时说"你要讲什么我已经知道了"，然后提出自己看法的人，可能很聪明、够自信，但说话的情商不够高，久而久之，别人可能不会对你有任何的肺腑之言。在日常谈话中，"八哥"常使大家谈话的气氛出现"怪怪"的状况。

台湾著名综艺节目主持人和作家吴淡如，谈到自己在一次节目主持的时候遇到这样一位"八哥"嘉宾。这位嘉宾或许是参加谈话类节目较少的缘故，不论是主持人或者别的嘉宾说什么，他都会重复他们的话尾，再说一遍，仿佛在告诉所有人：这件事我也知道呢！

这样一来，主持人和其他嘉宾的谈话就被他搞得乱七八糟，根本连接不起来了。甚至制作人也在一边摇头："这样很难剪辑啊！"吴淡如说自己恨不得在台上直接告诉他："冷静下来，不是每一句话你都要附和！"最后，还是制作人举起纸板要求那位嘉宾"让别人把话说完整"才算结束。

其实，这类人只是对自己没什么信心，才会不断重复别人的话。要想改变这种状况，需要先培养出自己说话的自信。

唐朝时候，李绅位尊名盛，他出使淮南的时候，一律不接见他人。一个小书生张祜偏要结识一下这个大人物，他就先写了名帖，署名"钓鳌客"。李绅一见这名帖顿生怒气："一个名不见经传的小书生竟然敢叫这个名字！"于是破例召见了他。为了给对方一顿羞辱，李绅故意问道："秀才既懂得钓鳌，那么用什么东西做钓竿呢？"张祜脱口便道："用长虹！"李绅再问："用什么做钓钩？"张祜大声说道："用新月！"李绅再问："用什么做钓饵呢？"张祜大笑："用我做钓饵，当然也就不难钓到大鳌啦！"听到这些话，李绅高兴地款待了这个口出狂言的书生，对饮聊天，不亦乐乎。

在上面的故事里，小书生张祜能折服李绅这个大人物，正是拥有一股子自信，以磅礴气势给了对方非常强烈的语言刺激，其才华才最终得到了对方的认可。

要做到能在人前侃侃而谈，首先要充满自信。古人云：人必自强而后强人。换句话说，倘若你想征服全世界，你应该先征服自己，要给自己树立强大的自信心。自信会让你克服紧张的情绪，从而不断提高你的社交能力。

语言通俗，才能易懂

说话最主要的目的就是让人听懂，而要让人听懂一定要采用通俗易懂的语言，说话太混乱只会让人弄不清东西南北。还有人学问比较高深，说出来的话往往让普通人听不懂，只适合做学问研究。所以，在日常生活中，别聊只有少数人才懂的话题。

曾经有一位著名医生，他在演说训练班上说："横膈膜的呼吸，对于腹部的蠕动有很大的帮助，而且也有助于健康。"他这样说了之后，立刻就去讲别的话，主持人连忙止住了他，要他把横膈膜的呼吸和其他的呼吸有什么不同说出来。为什么对身体特别有益？还有，蠕动的动作是什么样的？

这话使医生十分惊讶，于是又重新解释说："横膈膜是一层很薄的膜，它的位置是在胸部和腹部的中间，当你在做胸式呼吸的时候，它的形状就像一个竖着的盆；你做腹式呼吸的时候，它被空气挤压着，差不多由弧形变成了平面。在这时候，你可以感觉到你的胃压迫着你的腰。所以，横膈膜向下的压力，摩擦并刺激到你腹腔上部的各种器官，像胃、肝、胰以及上腹部的神经网等。当你呼出空气的时候，你的胃和上腹部的各种脏器被横膈膜推了上去，这个摩擦过程，是帮助你排泄的。凡是消化不良以及便秘等，大都可以由横膈膜的呼吸练习而消除的。"经他这样一解释，在场的人才听明白。

这个故事告诉我们在与人交谈中，遣词造句的通俗易懂和恰如其分对交谈结果产生着至关重要的作用。因此，我们必须注重对此项技能的训练，以使我们在以后的社交场合中做到用词准确，能让对方明白你想表达的意思。

1940年，因为连年战争，英国已经入不敷出，没有钱从美国购买军用物资，而美国商人也打算放弃英国，将目光投向新的国家。可是美国总统罗斯福却意识到此举措会引起"唇亡齿寒"的严重后果，于是利用媒体宣传《租借法》以说服议员，为国会通过此法成功地营造了舆论氛围。

罗斯福的目的是想提醒国民不可目光短浅、只重眼前利益，但是为了不触犯众怒而导致结果适得其反，选择了委婉的表达方式，为了让表达更加吸引人，他用通俗易懂的语句深入浅出地阐明了观点，达到了较好的说服效果，他举了个生活中的小例子，"假如我的邻居失火了，在四五百英尺以外，我有一截浇花园的水龙带，要是给邻居拿去接上水龙头，我就可能帮他把火灭掉，以免火势蔓延到我家里。这时，我怎么办呢？我总不能在救火之前对他说：'朋友，这条管子我花了15美元，你要照价付钱。'这时候，邻居刚好没钱，那么，我该怎么办呢？我应当不要他15美元，让他在灭火之后还我水龙带。要是火灭了，水龙带还好好的，那他就会连声道谢，原物奉还，假如他把水龙带弄坏了，答应照赔不误的话，那么现在，我拿回来的是一条仍可用的浇花园的水龙带，这样也不吃亏。"

在人际交往中，语言作为交际的重要工具，目的是让对方能够听得懂、能够接受你的观点、理解你的意图，最终达到交际的目的。孔子说："辞达而已。"意思是说，在表达自己的观点时要做到准确，当然在表达的过程中，不仅要用语准确还要简洁，准确是简洁的前提和基础，因为只有准确才能节省笔墨做到简洁，将要表达的事情真实地呈现在交谈者的面前。

倾听是一种良好的沟通

夸夸其谈的人也许很满意自己的口才，但他们往往忽视了更为重要的技能，那便是倾听。

大多数年轻人都以为话说得越多，在社交圈里便越受欢迎。

一位外交官的太太曾细述她丈夫初入外交界，带她去应酬时，她遇到的尴尬。她说："我是个小地方的人，而满屋子都是口才奇佳、曾在世界各地居住过的人。我拼命找话题，不想只听别人说话，但效果甚微，我感觉自己像小丑一般。"

一天黄昏，她终于忍不住向一位不怎么讲话但深受欢迎的资深外交家吐露了自己遇到的困扰。外交家告诉她："每个人说话都要有人听。相信我，善于聆听的人在宴会中同样受欢迎，而且难能可贵，就像撒哈拉沙漠中的甘泉一样。"

人们一直强调说的重要，这里也要说说它的一位好朋友——倾听。

"衙斋卧听萧萧竹，疑是民间疾苦声"和"四面云山来眼底，万家忧乐到心头"便是对倾听做了很好的描述。倾听是一门艺术，我们不仅仅要听到对方说的话，还要能听出对方的心声。

某个学生在学校里出了事，左脚摔成骨折。心急的家长带着一大家子人气冲冲地找到学校说要找校长算账，被保安挡在门外。双方的情绪都很激动，甚至开始推搡起来。这时校长来了，他没有急着为自己辩解。只是大声喊道："家长们，你们的心情我可以理解，但是我希望我们能做一次坦诚的交流。我说的时候，希望你们认真听，你们说的时候，我一定不打断，这样对我们解决这件事情有很大的帮助。"于是，大家都安静了下来听着对方的发言。在这一说一听中，家长们了解了校长工作的难处，校长也知道了家长们爱子心切。最后大家在互相谅解的前提下和平地解决了这件事。后来他们还成了好朋友。

在遇到一些矛盾冲突的时候，我们总是想着怎么去说。似乎只有说得多我们才能找到满足感，才能有赢的信心。说，固然是重要的一环，但也不可忽视了倾听。这两者就像人的两条腿。任意一条断了我们都不能正常行走。

著名学者查理·艾略特也说："专心致志地听别人讲话是最重要的，同时也是对人的最大尊重。"

乌托先生从商店里买了一件衣服，很快他就失望了：衣服会掉色，而且将衬衣的领子都弄脏了。他拿着这件衣服来到商店，找到售货员，想向他介绍事情的经过，可是乌托先生没做到，因为售货员总是打断他的话。

"我们卖了几千件这样的衣服，"售货员申明，"你是第一个找上门来抱怨衣服质量不好的人。"他的语气似乎在说:"你在撒谎,你想诬赖我们。等我给你点厉害看看。"

吵得正凶的时候,第二个售货员走了进来,说:"所有深色衣服一开始都会掉色。一点儿办法都没有。特别是这种价钱的衣服。"

乌托先生差点气得跳起来,他想:第一个售货员怀疑我是否诚实。第二个售货员说我买的是次品,真气人!

他正准备说:"你们把这件衣服收下,随便扔到什么地方,见鬼去吧!"这时候,这个部门的负责人来了。

这位负责人很会做事,他的做法让这位被激怒的顾客带着满意的笑容离开了。这位负责人是这样做的:

他一句话也没说,听乌托先生把刚才发生的事情讲完,然后他开始反驳这两个售货员,站在乌托先生的立场说话。他不仅指出顾客的领子确实是因衣服掉色而弄脏的,而且还强调商店不应当出售使顾客不满意的商品。后来,他承认这件衣服确实出了问题,并直接对乌托先生说:"您想怎么处理?我一定遵照您说的办。"

几分钟前还准备把这件"可恶"的衣服扔给他们的乌托先生心平气和地说:"我想听听您的意见。我想知道,这件衣服以后还会不会再染脏领子,能否想点什么办法。"

这位负责人建议乌托先生再穿一个星期。"如果还不满意,就把它拿来,我们想办法解决。请原谅,给您添了这些麻烦。"他说。

乌托先生满意地离开了商店。七天后,衣服不再掉色了,他完全相信这家商店了。

每一个遭受过困难的人都需要别人听他讲话,每一个被激怒的顾客、每一个不满意的职员或受委屈的朋友都想要别人听他倾诉。如果你想成为好的经营者,那你就应做一个善于倾听别人讲话的人。必须记住的是,千万不要打断顾客的话。让顾客更清楚地陈述自己的意见,充分表达他的异议。对客户要有礼貌,要认真听他所说的,尽力做出反应,给出合理而又巧妙的回答。因为认真的倾听至少能给你三个好处:一是体现了你对对方的尊重;二是获得了更多成交的机会;三是更有利于找出顾客的困难点。

不可否认,我们都存在这样一个心理,在聊天的时候,谁都想聊自己。

正如每把锁都会有相应的钥匙,每个人都有其独特之处,只有认真倾听才能了解对方,才能沟通得轻松、顺畅。乔·吉拉德对这一点感触颇深,因为他从自己的一个顾客那里学到了这个道理,而且是从教训中得来的。

汽车推销员乔·吉拉德被世人称为"世界上最伟大的推销员"。他曾说过:"世界上有两种力量非常伟大,其一是倾听,其二是微笑。倾听,你倾听对方越久,对方就越愿意接近你。据我观察,喋喋不休的推销员,业绩总是平平。上帝为什么给了我们两个耳朵一张嘴呢?我想,就是要让我们多听少说吧!"

那一次,乔·吉拉德花了近一小时才让他的顾客下定决心买车,接下来,他所要做的仅仅是让顾客走进自己的办公室把合约签好。

当他们向乔·吉拉德的办公室走去时,那位顾客开始向乔·吉拉德提起了他的儿子。"乔,"顾客十分自豪地说,"我儿子考进了普林斯顿大学,他要当医生了。"

"那真是太棒了。"乔·吉拉德回答。

俩人继续向前走时，乔·吉拉德却看着其他顾客。

"乔，我的孩子很聪明吧，当他还是婴儿的时候，我就发现他非常聪明了。"

"成绩肯定很不错吧？"乔·吉拉德嘴里应付着，眼睛却在四处看着。

"是的，在他们班，他是最棒的。"

"那他高中毕业后打算做什么呢？"乔·吉拉德心不在焉地问。

"乔，我刚才告诉过你的呀，他要到大学去学医，将来做一名医生。"

"噢，那太好了。"乔·吉拉德说。

那位顾客看了看乔·吉拉德，感觉到乔·吉拉德太不重视自己所说的话了，于是，他说了一句"我该走了"，便走出了车行。留下乔·吉拉德呆呆地站在那里。

下班后，乔·吉拉德回到家回想一整天的工作，分析自己做成的交易和失去的交易，并开始分析失去客户的原因。

第二天上午，乔·吉拉德一到办公室，就给昨天那位顾客打了一个电话，诚恳地询问道："我是乔·吉拉德，我希望您能来一趟，我有一辆好车可以推荐给您。"

"哦，世界上最伟大的推销员先生，"顾客说，"我想让你知道的是，我已经从别人那里买到了车啦。"

"是吗？"

"是的，我从一个欣赏我的推销员那里买到的。乔，当我提到我儿子是多么骄傲时，他是那么认真地听。"顾客沉默了一会儿，接着说，"你知道吗？乔，你并没有听我说话，对你来说我儿子当不当医生并不重要。你真是个笨蛋！当别人跟你讲他的喜好时，你应该听着，而且必须聚精会神地听。"

刹那间,乔·吉拉德明白当初为什么会失去这位顾客了。原来,自己犯了如此大的错误。

乔·吉拉德连忙对顾客说:"先生,如果这就是您没有从我这里买车的原因,那么确实是我的错。要是换了我,我也不会从那些不认真听我说话的人那儿买东西。真的很对不起,请您原谅我。那么,我能希望您知道我现在是怎么想的吗?"

"你怎么想?"顾客问道。

"我认为您非常伟大。而您送您儿子上大学也是一个明智之举。我敢确信您儿子一定会成为世界上最出色的医生之一。我很抱歉,让您觉得我是一个很没用的家伙。但是,您能给我一个赎罪的机会吗?"

"什么机会,乔?"

"当有一天,若您能再来,我一定会向您证明,我是一个很忠实的听众,事实上,我一直很乐意这样做的。当然,经过昨天的事,您不再来也是无可厚非的。"

两年后,乔·吉拉德卖给了他一辆车,而且还通过他的介绍,获得了他的许多同事的购买合约。后来,乔·吉拉德还卖了一辆车给他的儿子,一位年轻的医生。

从此以后,乔·吉拉德再也没有在顾客讲话时分心。而每一位进入店里的顾客,乔·吉拉德都会问候他们,问他们家里人怎么样了,做什么的,有什么兴趣爱好,等等。然后,乔·吉拉德便开始认真地倾听他们讲的每一句话。

不仅是经营者,在生活中的每个场合,你都要学会倾听。在家里你应该倾听亲人们在倾诉什么,在工作中你应该倾听同事们在讨论什么,在聚会时你应该倾听昔日的同学在调侃什么。一个好的倾听者,才能扮演好生活中的每一个角色,如果你想成为一个受欢迎的人,你就必须学会倾听。

第二章

一开口就打动人心

好的开始是成功的一半

很多做销售的朋友抱怨自己的工作不好做,有时候遇见客户还没说上几句,对方就表示没有兴趣。事实上,真正的原因是,有很多推销员并不注重自己的说话方式。往往他们才说两句,人们就没有了听下去的兴趣。既然是想让对方掏腰包买你的东西,你的话就要说得让他(她)愿意听。

俗话说,好的开始是成功的一半。

推销员的口才有多重要,也许不从事这个行业的人无法体会。但是仔细想想,遇到某个推销员向我们推销产品时,是什么决定了他推销的成功?是他的口才。如果我们愿意为他推销的产品花钱,最可能的原因就是被他的言语打动了。

中国人奉行"酒香不怕巷子深",讲究"谦逊"。于是,便很不赞成"毛遂自荐",因此推销员的主动推销,这种近似于毛遂自荐的行为很难得到别人的好感。想要推销成功,推销员就需要在口才方面下更多的工夫。

推销就是用你的口才说服别人购买你的商品。一个好的推销员都知道开场白极其重要。一个开场白决定了推销的成败。

一位人寿保险代理商接近准客户便问:"5公斤软木,您打算出多少钱?""如果您坐在一艘正在下沉的小船上,您愿意花多少钱呢?"这些令人好奇的开场白,可以引发客户对保险的重视和购买的欲望。

人寿保险代理商阐明了这样一个思想,即人们必须在实际需要出现之前投保。为了接触并吸引客户的注意,有时,可以用一句大胆的陈述句或强烈的问句来开头。

20世纪60年代,美国非常成功的销售员乔·吉拉德,有个非常有趣的绰号,叫作"花招先生"。他拜访客户时,会把一个3分钟的蛋形计时器放在桌上,然后说:"请您给我3分钟,3分钟一过,当最后一粒沙穿过玻璃瓶之后,如果您不要我再继续讲下去,我就离开。"

他会利用蛋形计时器、闹钟、20元面额的钞票及各式各样的花招,使他有足够的时间让客户静静地坐着听他讲话,并对他所卖的产品产生兴趣。

如果你总是可以把客户的利益与自己的利益相结合,那么在这个前提下,提问题将特别有用。客户是向你购买想法、观念、物品、服务或产品的人,所以你的问题应引导潜在客户,帮助他选择最佳利益。

美国某图书公司的一位女推销员总是从容不迫、平心静气地以提出问题的方式来接近顾客。"如果我推荐给您一套有关个人效率的图书,您打开书发现内容十分有趣,您会读一读吗?""如果您读了之后非常喜欢这套书,您会买下吗?""如果您没有发现其中的乐趣,您把书重新塞进这个包里给我寄回,行吗?"这位女推销员的开场白简单明了,使客户几乎找不到说"不"的理由。后来,这三个问题被该公司的全体推销员采用,成为标准的接近顾客的方式。

开场白的设计要简单,说完开场白后紧接着要用最简洁的话将你要说的核心内容表达出来。如果客户问你:"为什么我应该放下手边的事情,100%地专心听你来介绍你的产品呢?"这时候你的答案应该在30秒之内说完，而且要能够让客户满意并且吸引他的注意力。所以说作为推销员应该设身处地站在客户的立场来问问你自己，为什么他们应该听你说？为什么他们应该将注意力放在你的身上？记住，你的开场白只有30秒。

好的开场白应该会引发客户的第二个问题，当你花了30秒的时间说完你的开场白以后，最佳的结果是让客户问你，你的东西是什么？每当客户问你是干什么的时候，就表示客户已经对你的产品产生了兴趣。如果在你说了30秒后，客户并没有对你的产品或服务产生任何好奇或是兴趣，并且他们仍然告诉你没有时间，或是没有兴趣，那就表示你的开场白是无效的，此时你需要做的就是快速地重新出一套推销方案。

如果你卖的是电脑，你不应该问客户有没有兴趣买一台电脑，或者问他是不是需要一台电脑，你应该问他："您想知道如何用最好的方法让您的公司每个月节省5000元钱的营销费用吗？"这一类型的问题会更容易吸引客户的注意力。

"您知道一年只花几块钱就可以防止火灾、水灾和失窃吗？"保险公司推销员开口便问客户，对方一时无以应对，但又表现出很想知道答案的样子。推销员赶紧补上一句："您有兴趣了解我们公司的保险吗？我这儿有20多个险种可以选择。"

好的开场白能够吸引住你的谈话对象，为你争取到更多的成功机会。只要做到让别人对你的话题感兴趣，做到让别人爱听你的话，你的社交便成功了一半。

叫对名字，拉近距离

人们认为，自从柏拉图和苏格拉底以来，多数人都觉得自己的名字是世界上最动听的，会对包含其名字的话语给予更多的注意。此外，称呼对方的名字也可以让对方觉得你的赞扬是专门针对他的。

凡是人必有姓与名，姓与名既是人进入社会的首要信息，也是每个人的社会信息传递的主要载体。因此，从古至今，人们对自己姓与名看得十分重要，所以世界上最美妙的语言不是称赞他的车子性能多好，也不是夸赞她天生丽质，而是仅有一面之缘，再见后却能准确地叫出他的名字。如果你这样做了，他一定很欣喜，因为你记得他，他会觉得能够在千百人中认出他一定是因为他有别人没有的特质。

在和陌生人交往的过程中，记住对方的名字很重要。能够记牢对方的名字，可以快速拉近彼此的距离，使对方对你产生良好印象。

无论对谁而言，他的名字都是语言中最动听、最重要的部分。认真记住别人的名字，能让你结交更多的朋友，开拓更多的道路，使你的事业更加成功。

鲁豫说："你是独一无二的，每个人都有自己的十五分钟！"所以在做节目的时候，她会时不时地叫一下对方的名字。

梁静茹在录制《鲁豫有约》的时候，鲁豫就时不时地说"静茹"，让梁静茹感到分外亲切。她们还聊到梁静茹的婆婆，大谈婆媳关系，而鲁豫为了给梁静茹一个惊喜，还现场连线了梁静茹的婆婆。谁知道，梁静茹的婆婆也是一位说话高手，一开口就先夸："静茹是一个非常细心，非常贴心的女孩。"接着鲁豫还专门问了这位婆婆对儿媳的看法，婆婆又说："静茹给我的第一印象是非常温柔、体贴，自从结了婚以后，她就变得很开朗，还很勇于表现。"

估计不光是梁静茹，就是在场的观众也都被这位婆婆给俘虏了！

熟记对方的名字，在任何时候，都是一件不能疏忽的事情。尤其是在和陌生人交往时，这一点尤为重要。记住对方的名字，并把它叫出来，等于给对方一个很巧妙的赞美。

吉姆是罗斯福竞选总统时的总干事，他1899年出生在纽约，由于家境贫寒，十岁就辍学去砖场打零工。

吉姆是个乐天派，他从一个童工干起，经过30年的努力，在46岁那年，被四所大学授予名誉学位，并且担任美国民主党全国委员会主席等重要职位。并且把罗斯福推上了总统宝座。

一个几乎完全没受过教育的人，却能成为总统的左右手。这样的传奇让钢铁大王卡内基感到很惊奇，于是他向吉姆请教成功的秘诀。

吉姆的回答简单有力："苦干！"

卡内基对这个答案并不满意，他还有些怀疑。

"这样吧！那你觉得我为什么能成功？"吉姆反问卡内基。

卡内基想了想之后回答说："我知道你能叫出一万个人的名字。"

"不，不是这样。"吉姆笑着说，"我能叫出五万个人的名字。"

就凭着这项专长，吉姆帮助罗斯福获得了总统职位。

在一家石膏企业担任业务员时，吉姆就已经了解到一般人对自己名字的重视，绝对胜于世上其他的文字。如果能把对方的名字当面叫出，对对方而言是一种尊重。相反，如果把对方的名字忘了或记错，不仅会带来尴尬，而且会让对方觉得你不尊重他。

吉姆自创了一套记忆名字的办法。无论何时何地，只要遇到陌生人，他一定要把对方的名字问清楚。不单单是几个简单的字母，还包括对方的职业、党派、宗教、家庭状况等其他的相关资料，并且把这些信息牢牢记在脑袋里，甚至回家后还像学生做功课一样，反复练习。

正是凭着这个本领，即使在多年后再遇到这个人，吉姆也能清楚地喊出对方的名字，热情地上前寒暄，并且还能说出对方有什么爱好，或是最满意的事迹。靠着这个特长，吉姆的朋友遍布天下。

法国皇帝拿破仑三世，虽然贵为一国之君，每天要接见很多宾客，处理很多事务，但他非常注重记住别人的名字。他曾自豪地说过一句话："只要我见过这个人，只要我曾知道他的名字，我就能永远认得这个人，永远记住他的名字。"

受欢迎的老师，往往在第一次上课就能叫出学生的名字，受欢迎的上司，能喊出每一个员工的名字，人们更愿意和这样的人相处。

记住对方的名字随时随地都可以进行，不要把"没有时间"作为借口，你比吉姆更忙吗？比拿破仑三世更忙吗？在和陌生人交谈时，把他的名字和他的衣着、外貌、举止、谈吐结合起来，就会更加容易记住对方的名字。

在台湾，有饭店业"教父"之称的亚都丽致饭店总裁严长寿曾说："客户不是要排场，而是需要被关怀、被重视，一个能够打动客户内心的关怀，要胜过上亿的装潢。"

所以他将饭店通常用的柜台改成了小圆桌。客人来了之后，服务人员会主动上前迎接，然后将他们带到圆桌旁坐下，为他们办理手续。除此之外，为了让客人有宾至如归的感觉，在机场负责接机的工作人员会将客人名字及在车里的座位提前通知在饭店门口接待的人员，如："坐在副驾驶的是李某，后排左边的是陈某，右边是王某。饭店负责接待的人会在最短的时间内记住客人的名字，等客人到了之后，打开车门，很自然地和出来的客人打招呼："欢迎光临，陈先生、李小姐。"

这种在饭店门口就被恭敬地叫出名字的感觉和到了饭店登记之后再被叫出有很大的不同。所以很多服务行业现在都强调，在回见客户之前一定要将对方的名字记住。名字是一个人最好的名片，有时候千言万语都抵不上你能在第一时间叫出对方名字。或许就因为你能在见面后叫出他的名字，他会将你划到自己的交际圈内，当你是自己人。

根据时尚杂志界的真人真事改编的电影《穿 Prada 的女魔头》有这样一个情节：在参加宴会之前，以恐怖、严厉、刁钻著称的主管，叮嘱她的助理，在宴会之前，准备好笔记本，将参加宴会的所有人的资料和照片整理好，并记录下来，以便她能够一看到某个人就马上叫出对方的名字。

于是宴会上出现了这样一幕，当有人走近主管或者主管想了解某人时，助理会飞快地翻开笔记本找到相关的资料——家庭成员、近况、喜好甚至包括其养的宠物，然后附耳告诉主管。所以主管总是能够在第一时间找到跟对方聊天的话题，而由于她能够在第一时间叫出对方的名字，所以人们总是很乐意跟她交谈。

也正是凭借这一法宝，主管总是能够牢牢地抓住客户，让她在公司有了飞扬跋扈的资本。

在人际交往时，如果能够让对方觉得你是在关心他们、记得他们，并且真诚地想跟对方交谈，那么你会在最短的时间内进入对方的交际圈。如果对方是自己不熟悉的人，那就尝试多叫几次他的名字吧，效果也许会超出你的想象。

未见其人，先闻其声

当红明星林志玲，从名模到主持人，然后又做演员，挑战作家，做自己的事业，这位大器晚成的美人，是很多男人心目中的女神。她最大的武器就是自己的声音，有人说那是"嗲"，也有人说那是"性感"。无论如何，这位美人的声音真的是让人一听就难以忘记。

林志玲说："其实我说话一直都是这个样子，我会保留这个真实的声音，而我自己并不觉得它很嗲。"

你了解"声音"的魅力吗？声音能够传达很多东西，可以左右人的思想，从而改变对方的决定，你试过吗？

声音能够展现很多魅力。但是现在大多数人说话声音都很大，尤其是当众讲话声音提得很高，尖尖的，非常夸张，他们可能自认为这是一种魅力，其实反而会使人感到这是一种造作。高而尖的声音会使人觉得你不成熟。

很少有人尝试降低自己的声音。也许你可以注意一下，当你把自己的声音变得低沉时，对方会是一种什么样的表情。也许你会发现，你的声音越低越好听，越会吸引人。低沉的声音会显得很有修养，更容易博得信任和尊敬。

声音可以影响人的判断。声音可爱，会引起对方的好感，声音同时可以反映一个人的心态。细小、单调、乏味的声音，让领导觉得你缺乏自信。音质宽厚、抑扬顿挫的声音，可以放射出独特的性格魅力，并且增强交流的效果。

BBC（英国广播公司）在一个节目中，播放了几位世界级领袖人物的演讲片段，包括肯尼迪、丘吉尔、撒切尔夫人、伊丽莎白二世、马丁·路德·金等，要求听众辨别出他们的声音。被测的人都能够准确地说出他们的名字，因为这些有巨大威望的领袖的声音音质都很独特、有权威感，他们的声音也是吸引追随者的魅力之一。

那些经过训练的声音和没有经过训练的声音有很大的差别，你可以观察一下国外电视节目中的主持人和播音员，他们从腹腔发出来的声音，低沉而有力度，自然而不造作。

那么，如何来训练自己的声音呢？

第一，声音也要经过修饰，像你的面孔一样。

声音质量包括：高低音、节奏、音量、语调。语调就像画图，会直接影响对方的反应。一个词语的音调往往能表达很多种意思，你要试着找到最能表达自己感情的方式。

于美人在她的书里就讲过：许多人第一次听到自己的声音时都会非常惊讶。"我说话声音有那么难听吗？"我也不例外。我第一次用录音机录下自己的声音来播放时，真的是吓了一大跳！我的声音不但不清晰，而且还有很重的喉音与鼻音，这种情况下要如何当南阳街老师呢？所以在那一年中，我只要有空就会用录音机录下自己的声音，然后反复调整。该如何调整呢？我提供一个独门绝招跟大家分享。我建议你最好录下自己的声音，然后在晚上即将上床睡觉之前播放，如果你发现自己的声音具有催眠效果、可以帮助你入眠，那就是该调整的时候了！当时我做这个测试时，发现我的声音的确具有催眠自己的功效。如果不改善的话，那么听我讲课的学生岂不是每个都呼呼大睡、鼾声不绝于耳吗？所以我用录音机自我调整了好几个月，才彻底改善了我的"催眠音调"。

第二，找到属于自己的音质，能够给对方一个舒适的感受。

你的语音、语调以及声调变化占说话可信度的84%。你要找到属于自己的特殊音质。专家建议日常生活中必须不断地练习：准备说话前先喝一口水，做一下深呼吸，然后放松、微笑。发音吐字就像一串串明珠从口中流出。可概括为：气息下沉，喉部放松；不僵不挤，声音贯通；字音轻弹，如珠如流；气随情动，声随情走。

第三，避免不良说话习惯。

有些人有不良的说话习惯，自己却不觉得，谈话的对象心里难免会产生反感。但碍于情面不愿意提出来。不良的说话习惯包括爆粗口、有口头禅、带方言、喜欢打断别人说话等。在工作中要注意改正。

争赢别人并非乐事

从古至今,有人的地方就有争辩,不同的哲学门派为了证明自己的主张是最好的,争论了两千余年依然没有结果;各心理学派之间的争辩也有了百年的历史,但是依旧没有分出高下。当然,为了一些生活琐事争论不休的例子也有很多:新上映的电影,网络流行的元素,生活中出现的某一事件、某一社会热点都能引起人们的争论。尤其是网络出现之后,更多的人加入了争论的大军。他们每一方都以对方为敌,试图改变对方的观念,让其接受自己的观点。

那么在争论中压倒了对方,就是说服了对方吗?显然不是的。即便是在某一场争论中你胜出了,对方也许表面上会屈服,但是心里不一定会服气,你强加给对方的观念也不会融入他的思想中,他很快就会遗忘。而你,作为胜利一方最终可能一无所获。甚至于因为你的强势,伤害了对方的自尊心,让其对你心生恶感,为以后的交际埋下了隐患。除此之外,被表面胜利冲昏了头脑,骄傲自满,养成了专门挑剔别人缺点的恶习,让身边的朋友逐渐地远离你。

有一次,七位年轻人在一起吃饭,其中有六位T大学生和一位哈佛学生。当这六位 T 大的校友在谈论学校的制度和上课情形时，哈佛学生不停地插嘴，并不断地强调"我们哈佛"怎样。

聚餐结束后，这六位 T 大学生一致表示不喜欢那位哈佛学生。因为 T 大是国内顶尖的学校，学生颇以为荣，这位哈佛学生却不断地强调"哈佛"二字，给他们的感觉就像是自尊心被狠狠地捅了一刀。

再比如，第一次做母亲的女性往往会情不自禁地想和他人分享自己初为人母的喜悦，谈起自己的孩子时总是会眉飞色舞。如果对方告诉你她的孩子多么可爱、聪明，那么你最好附和她，并不断地正面夸奖她的孩子。而最糟糕的应对方式就是：随意打断对方的话，告诉她你也有相同的经验，你的孩子也很可爱，甚至比她的孩子更聪明。

当别人正兴致勃勃地告诉你一些自豪的事情时，就算你早有耳闻，也要假装感兴趣地听下去。当众浇冷水是最要不得的！一旦你打断别人的谈话，并告诉对方自己早已有类似的经验时，很容易令人觉得不快。

谈话的艺术就是提醒你如何远离这种毫无意义的争论，学会去尊重对方，接受对方的观点，从中总结出优劣，然后善意地提出建议，如果你这样做了，那么，对方也一定会学着尊重你，尊重你提出的建议。争论不是最好的说服方式，所以当你想说服别人时，一定要避开争论，选择平等地交流沟通。请记得：争辩是一个无休止的战争。

为什么说服别人会困难重重呢？因为人们观念、见解、主张的形成都与过往的生活经历分不开，所以不可能在短时间内让其放弃自己坚持了很久的原则。当交谈的时候发现出现意见分歧时，不要急于求成，将自己的观念强加给对方，而是应该学会站在对方的立场和对方的生活环境中去考虑问题，然后学会理解对方，找出其形成错误观念的原因，对症下药。在纠正、说服对方的过程中，可能会出现不小的阻力，千万不能气馁，不要因为"话不投机半句多"就失去了耐心、放弃了初衷。

小王是某公司的推销员，由于他能说会道，销售业绩连年增长，被大家誉为业绩之王。可是小王的金口才不是一天练就的，他刚从事这个职业的时候，也遇到过很多让他难忘的事情。

小王公司销售的产品并非独一无二的，它是原有产品的升级版，功能比原产品更强大，但是价格却没有高多少，本来觉得这样的产品应该很受欢迎才对，但是没有想到，他在第一个顾客那里就碰了钉子。这位顾客性格比较保守，不容易接受新事物，尽管小王磨破了嘴皮子，对方就是坚持觉得原来产品用着更顺手。为了让新产品的优点更加突出，小王将原产品的说明书拿了出来和升级后的产品说明进行比对，然后还进行了实际操作，两个对照，然后进行价格、性能、产品生命周期对比。最终，顾客在小王的攻势下，不得不承认升级版的产品性能更好，但却没有购买产品。

顾客不是已经认同了小王的说法了吗？可是为什么却没有购买产品呢？说服对方的目的不是为了让顾客承认你的说法是正确的，而是让顾客心甘情愿地购买你的产品，所以小王的说服是失败的。小王从这件事情中吸取了教训，在面对顾客时不会强硬地让顾客接受自己的观点，而是顺着顾客的思路走，问他们希望原有产品需要哪些改进，然后顺势提出现在的产品都进行了哪些升级，可以为生活带来哪些便利。果然，客户很快就接受了新产品，表示愿意购买。

切记，说服别人时不能论输赢，给对方留一点空间，也就给自己留下了回旋的余地，让之后的沟通有更大的施展空间，离你的交际目的更进一步。如果你无法控制自己的情绪，想和对方争论时，不妨深呼吸，先心里默问自己几个问题，来稳定情绪：

1. 这次争论的事情有意义吗？如果争论的问题是一些无伤大雅的小事，那么还是放弃争论吧。

2. 我这么急着争辩，到底是为了什么？劝说对方放弃错误的观点，还是为了满足自己的虚荣心、表现欲，如果是后者，那么就放弃争论吧。

3. 对方对自己的印象如何，如果有成见，那么就别再雪上加霜了。

4. 即便在争论中占了上风，自己又能得到什么？又能证明什么？

心理学家高伯特普曾经说过："人们只在不关痛痒的旧事情上才'无伤大雅'地认错。"这句话虽然直白但是却可以证明：愿意承认错误的人极少，这是人的本性。所以，当你试图说服别人时，一定要掌握技巧，动不动就争辩只会激化矛盾，适得其反。

好话会说，才算好

虽然随着社会的不断进步，人们沟通的方式越来越发达、越来越多，但是最直接最主要的沟通方式还是语言。如果让你和周围的人沟通只通过高科技，而不让你说话的话，你想一下会是什么样的情景。你可以没有电脑、没有手机、没有ipad，但是却不能长时间的不说话。

常言道，东西可以乱吃，但是话不可以乱说，而且也不是什么时候想说就可以毫无顾忌地说。有些人喜欢捕风捉影，而且口无遮拦，以至于该说的不该说的，真实的、臆测的都一股脑地说出来。

说话不仅要我们说，还要对方听。想一想，如果我们一番好心，却由于没有注意所说的内容是否合情合理，弄得对方心存不满，那我们岂不是比窦娥还冤。

我们自认为好心，就噼里啪啦地说了一通，以为自己的一番好心会被对方理解。对方固然知道你是好心，可是你这样口无遮拦，不计后果，只怕好心反倒被冤枉。

有这样一个广为流传的故事：

有一个人的朋友生了小孩，他便跑去庆祝。看见小孩后他又亲又抱的，非常喜欢。这样的情形朋友看在眼里，自然十分高兴。这个人说道："这小孩真是可爱，这么招人喜欢，你们可要好好带着啊，别夭折了。"听到前面两句，主人喜笑颜开。没想到这人突然来了这么一句，于是主人脸上顿时乌云密布。

见状，这个人意识到自己说错了话，便马上解释道："我不是那个意思，这孩子这么可爱，死了当然可惜啊。"听罢，主人几乎晕过去。

这个故事的真实性我们不去追究，但是它却很好地反映了一些人的缺点。这些人的心可谓是百分之一百的好，但就是在说的时候出了岔子。比如谁要是买了汽车，他们肯定会跑去赞扬一番，但最后也许会来一句："开车要小心啊，千万别出车祸了。"让人哭笑不得。其实他们是真的在为你担心，但就是这话听着瘆得慌。

同时，人们常说，不说不知道，一说吓一跳。从一个人的谈吐中，我们可以推测出这个人的性格、素质等，你说得越多，暴露得也就越多。如果一个人总是喜欢滔滔不绝，而且不分场合，那么人们可能就会自然而然地对她说出的话持怀疑态度。因为一个有责任感的人是不会乱说话的。所谓"言多必失"可能就是这个道理。当然，话说多了不仅仅是给对方留下坏印象这么简单。有时候乱说话还会害死人。

"病从口入，祸从口出"，虽然不一定说的话都会成为祸患，但是很多祸患都是因为当初说了不该说的话引起的。

日本曾发生过一起教师杀害岳母和妻子的凶杀案。那位教师文质彬彬，性格温和，在学校很受同事和学生的喜欢，可就是这样一个人凶残地杀死了自己的妻子和岳母。事情发生之后，身边的人都觉得不可思议。其实事情的起因源于岳母说话尖酸刻薄。

这位教师刚工作不久，工资不高，只能勉强地维持生计，结婚后因为没有房子只能借住在岳母家，于是遭到了岳母的嫌弃，总是找机会讥讽他，妻子不仅不维护他，有时候还和母亲一起奚落丈夫。一天，岳母又因为一点小事发飙了，当着很多人的面对教师说："你天生就是个蠢材，连妻子都养活不了，四处借债，当初我怎么会同意你娶了我的宝贝女儿呢，哪天我会请中介来将房子卖掉，而你，滚回老家去吧！"

心情不好的他，躲了出来，想静一静，可是偏有人不让他清净，一个老街坊告诉他，他的妻子在外面有了情夫，于是当时被岳母激起的怒火再也压不住了，一怒之下动了杀机。而一旦有了这个念头，就像打开了潘多拉的盒子，再也忍不住诱惑，理智被怒火湮灭，于是做了后悔终生的事情。

想要得到别人的尊重，就要管好自己的嘴巴，不能乱说，否则既伤害了别人又有损自己的形象，那么，哪些话不能乱说呢？凡害人的话、缺德的话、臆想的话、无原则的话都不能乱说。有时候，暧昧不清的话也不能乱说。如果对方正好是气量小的人的话，或者说对方正好做过类似事情，而你又在言语中或多或少透露了相关的内容，即使是和他无关的，对方也会不断地琢磨，会耿耿于怀。有机会一定会报复回来，所以说话时一定要意有所指，不可模糊不清或者模棱两可。

简雍直谏的故事相信大家都听过吧！这个故事也很好地说明了好话也要好说。《三国志·蜀书·简雍传》中记载：

时天旱禁酒，酿者有刑。吏于人家索得酿具，论者欲令与作酒者同罚。雍与先主游观，见一男女行道，谓先主曰："彼人欲行淫，何以不缚？"先主曰："卿何以知之？"雍对曰："彼有其具，与欲酿者同。"先主大笑，而原欲酿者。雍之滑稽，皆此类也。

大概意思是说天干成灾，刘备便下令禁酒。即便是家里只有酿酒器具的，搜出来后也要一并受罚。这种制度极大地激起了民怨，可百姓敢怒不敢言。这种情况被简雍看在眼里，他决心要劝劝刘备。

有一次他和刘备外出，看见一男一女向丛林里走去。简雍大声说道："这两人要行苟且之事，为什么不把他们抓起来？"刘备不解，问："为什么？"简雍一本正经地回答道："他们身上有淫乱的工具，当然要抓起来啊。"刘备听完大笑起来，也明白了简雍的一番苦心。

俗话说伴君如伴虎，给皇上提建议是很危险的事情。一旦说得不妥，龙颜大怒，性命都难保。这就需要很好地运用自己的智慧，即使是出于忧国忧民的好心，也要采用恰当的语言。简雍就做得很好。他没有直言刘备的不对，而是以这样幽默滑稽的方式去提醒刘备，取得了非常好的效果。

所以在说话之前，我们一定要想清楚，哪些该说，哪些不该说，哪些话要怎么说。说话不仅是一门技巧，还是一门学问。而且不乱说话，更是我们必备的素质和美德。

我懂你的"欢喜"

那些能说会道、在人际交往中如鱼得水的人,往往在与对方接触的一瞬间,就能找到对方感兴趣的话题,从而引发起交谈的兴致。

央视著名主持人水均益成功采访俄罗斯总统普京,就是一个很好的例子。

因为按照双方事先的约定,水均益他们只能问3个问题,当前两个问题提出后,他发现普京只是例行公事般地简短回答,丝毫没有感兴趣的神情。他想,照这样下去,用不了5分钟这次采访就宣告结束了,一旦约定好的第三个问题提出来,普京几句话一回答,就会马上转身走人。于是,他决定改变策略。他想起在采访之前搜集的资料中了解到普京的一些个人爱好和兴趣方面的问题,他决定从这里寻找突破口。

于是水均益问普京:"您在竞选的时候,曾发誓要让俄罗斯人过上应有的生活,您也表示国内发展的目标要高于国外的目标,俄罗斯当前最紧要的问题是什么?您是否认为有必要改善包括华人在内的外国人在俄的投资环境?"

之所以这样问有两个背景,水均益事先了解到:一是普京特别喜欢对人说要让俄罗斯人过上好日子，有人重复这话会使他高兴；二是近来外界都在抱怨俄罗斯投资环境不好。普京显然被水均益的这枚"炮弹"刺激得兴奋起来，说话频率明显加快，一直放在桌子底下的手也拿上来了。利用普京讲话的机会，水均益又想好了一个新问题，等普京话音一落，水均益就问他："别人说你一脸严肃，是黑匣子，而且还很铁腕，你同意吗？"看见普京越回答越兴奋，水均益决定让总统先生好好地美一下。

他又问："听说您的办公室里挂着一幅彼得大帝的画像，在俄罗斯历史上有不少时代令人印象深刻，比如彼得大帝时代、叶卡捷琳娜时代、亚历山大时代，当然还有苏联时代，您个人更喜欢哪个时代？"他知道，普京最崇拜的就是彼得大帝，据说也最喜欢人们把他看成是拯救俄罗斯的彼得大帝，采访的局面被彻底打开了。

很明显，水均益问的是"拍马屁"的问题，其实，在采访中，投其所好，往往能达到很好的效果。而要做到投其所好，就要先知道对方的"好"，才能有针对性地"投"，才能达到预想的效果。

乔·库尔曼，幼年丧父，18岁那年，他成为一名职业球手，后来手臂受伤，只得回到家中做了一名寿险推销员。29岁那年，他成为美国薪水最高的推销员之一。在25年的推销生涯中，他销售了40000份寿险，平均每日5份，这使他成为美国金牌推销员。

库尔曼把自己的成功归结为"用一句具有魔力的话来改变糟糕的局面"。这句有魔力的话是"您是怎么开始您的事业的？"库尔曼在自己的传记中写道："这句话似乎有很大的魔力，看看那些忙得不可开交的人吧，只要你提出那个问题,他们总是能挤出时间来跟你聊。"

他举了一个最典型的例子来论证这种魔力。刚开始推销时,他遇见了罗斯,一家工厂的老板,工作繁忙。很多推销员都在他面前无功而返。

库尔曼说:"您好。我叫乔·库尔曼,是保险公司的推销员。"

罗斯说:"又是一个推销员。你是今天第十个推销员,我有很多事要做,没时间听你说。别烦我了,我没时间。"

库尔曼又说:"请允许我做一个自我介绍,10分钟就够了。"

罗斯回道:"我根本没有时间。"

库尔曼低下头用了整整一分钟时间去看放在地板上的产品,然后,他问罗斯:"您做这一行多长时间了?"

罗斯回答:"哦,22年了。"

库尔曼问:"您是怎么开始您的事业的?"这句有魔力的话在罗斯身上发挥了效用。他开始滔滔不绝地谈起来,从自己的早年不幸谈到自己的创业经历,一口气谈了一个多小时。最后,罗斯热情邀请库尔曼参观自己的工厂。那一次见面,库尔曼没有卖出保险,但却和罗斯成了朋友。接下来的三年里,罗斯从库尔曼那里买了4份保险。

俗话说,"君子不开口,神仙也难下手"。所以,与人对话,最怕对方三缄其口。如果遇到这种情况,你可以像库尔曼那样,说出那句有魔力的话。

抓住好奇的天性

人们都有好奇的天性,一旦有了疑虑,非得探明究竟不可。为了激起听众的兴趣,可以使用悬念手法。在开场白中制造悬念,往往会收到奇效。

制造悬念不是故弄玄虚,既不能频频使用,也不能悬而不解。在适当的时候应解开悬念,使听众的好奇心得到满足,而且也使前后内容互相照应,结构浑然一体。

《鲁豫有约》有一期的采访嘉宾是李宇春,刚开始的时候,鲁豫并没有把李宇春的名字直接说出来,而是先讲了这样一段话:"我常常想,一年三百六十五天啊,一定有某一天,在世界的某一个地方,某一个人的梦想会突然变成现实。在2005年,这一年当中有几个女孩子,她们在亿万观众面前实现了自己的梦想,这其中有一个人,她因为她的帅气、她独特的魅力赢得了很多人的喜爱,她就是——"

底下的观众异口同声地回答:"李——宇——春!"

就这样,在观众的欢呼声中,李宇春出场了。这样的效果,比"今天我们请来的嘉宾是李宇春"要好得多。

很多人在说话或者与人交谈的时候，语言很乏味，提不起对方的兴趣，不能吊起对方的胃口。这种悬疑式的说话方式却能一下子让别人注意到你，认真去听你说话。所以，说话高手，往往不是平铺直叙地去讲一个故事，而是不断地想办法吊起你的胃口，让你追问"后来呢"。

战国时代，魏国有一位大臣叫李悝，素以具有真知灼见而著称。有一天，魏文侯问他："吴国之所以灭亡的原因何在？"

李悝立刻回答："臣以为，灭亡的原因在于屡战屡胜。"

"屡战屡胜怎么会亡国呢？"这可勾起了魏文侯的好奇心了。

"屡战，国库匮乏，人民疲顿；屡胜，国王以为自己战无不胜，无所不能。骄傲的君主统治疲惫的人民，怎么能不使国家走向灭亡？"

魏文侯大大折服。

李悝将对君王的规劝包含在不合常理的回答中，乍一听起来似乎不通，听他解释后，反而让人深思，这就是悬疑式说话的好处。

有一位教师举办讲座，这时会场秩序比较混乱，学生显然是对讲座不感兴趣，老师转身在黑板上写了一首诗："月黑雁飞高，单于夜遁逃。欲将轻骑逐，大雪满弓刀。"写完后他说："这是一首有名的唐诗，广为流传，又被选进了中学课本。大家都说写得好，我却认为它有点问题。问题在哪里呢？等会儿我们再谈。今天，我要讲的题目是'读书与质疑'。"这时全场鸦雀无声，学生的胃口被吊了起来。演讲即将结束，老师说："这首诗问题在哪里呢？不合常理。既是月黑之夜，怎么看得见雁飞？既是严寒季节，北方哪有大雁？"这样首尾呼应，能加深听众印象，强化演讲内容，令人回味无穷。

第三章
说到点子上，聊到心坎里

投其所好，说对方想听的

著名口才大师卡耐基说："虽然你喜欢吃香蕉、三明治，但是你不能用这些东西去钓鱼，因为鱼并不喜欢它们。你想钓到鱼，必须下鱼饵才行。"聪明的人在说服别人的时候，懂得迎合别人的嗜好，说对方想听的，而不是只关注自己想说的，这样能让对方感觉到受重视、受尊重。

我们在与他人谈话之前，应该先了解对方可能感兴趣的话题是什么，虽然每个人感兴趣的话题不同，但都离不开日常生活。也就是说，只要我们在日常的生活中，坚持着敏锐的观察力，就可搜罗到丰厚的谈话题材，就能够与不同阶层的人交谈。

当然，不仅仅是政治人物或者超级富豪，就算是一位记者，也应该清楚地知道要如何投采访对象所好。

有一位老记者去采访一位科学家，到了科学家那儿，老记者看到墙上挂着几张风景照，于是就谈起了构图呀，色调呀，原来这位科学家爱好摄影，科学家兴致勃勃地拿出了他的相册，谈话气氛非常融洽。正是这种气氛，使后面的正题采访进行得非常顺利。

善于打破冷场可以消除尴尬的局面，可以活跃气氛。从某种角度上说，它可以作为交际中的一种良好契机，有利于和对方进行和谐的谈话，从而促进事情的成功。

俗话说，"酒逢知己千杯少，话不投机半句多"。托人办事也是如此，要开动脑筋，注意观察，迅速找到共同点，以此作为契机，与受托对象进行和谐投机的谈话。

有经验的记者能通过观察和分析谈话对象，迅速地找到一个可以引起双方话题的共同点，打破那种不知从何谈起的尴尬局面。

卡耐基曾讲过这样一个故事：事情发生在耶鲁大学教授威廉·菲尔普斯8岁那年。他到姨妈家度周末。晚上，姨妈家来了一位客人，他跟姨妈礼貌的寒暄之后，和菲尔普斯攀谈了起来。当时的菲尔普斯对帆船很感兴趣，于是和那位先生围绕这个话题聊了很久。菲尔普斯对他很有好感，并希望和他做朋友。客人欣然同意了。客人离开后，菲尔普斯对姨妈不断称赞他，并告诉姨妈自己很喜欢他，因为他们有共同的爱好，所以成了朋友。姨妈微笑着说："他是一名出色的律师，对帆船根本没有兴趣。"菲尔普斯百思不得其解："既然他对帆船不感兴趣，为什么会一直跟我谈论那个话题呢？""因为他觉得你对帆船感兴趣，就谈一些会使你高兴的事。"菲尔普斯这才恍然大悟。很多年之后，菲尔普斯还会时常想起那位为了迁就他而选择聊自己不喜欢话题的先生。

日本医学界的"拿破仑"德田虎雄曾经说过："人与人之间的关系是很微妙的，很难相处好，但有时候只是小小的关心和照顾，却能让对方心情舒畅，舒畅到办事顺畅。"因为人们总是喜欢和那些有相同爱好的人的交谈，所以找到对方感兴趣的话题，能够缩短交往距离。

在谈话的过程中，人们习惯于使用自己喜欢的方式进行交流。换句话说，他们喜欢按照自己的想法选择特定背景下谈论恰当的话题。如果你在特定环境中谈论的话题与周围的人有所不同，那么，他们与你谈话时有可能感到不自在。

所以，我们在和交谈对象交流之前，一定要先摸清对方对什么话题感兴趣，然后根据交谈的场景有针对性地选择话题。其实做到这一点并不难，因为无论对方是什么人，他们感兴趣的话题或多或少都会和日常生活有联系。所以，只要我们在平时能够保持敏锐的观察力，尽量搜集丰富的题材，即使拥有不同的生活经历，也能愉快的交谈。

其实，无一例外的，人们都喜欢聊一些当前流行的话题，比如当红的明星、流行的元素、服饰、网络热议的话题，当然女人们更喜欢谈孩子、衣服、装饰品，男人可能更侧重于运动、汽车、工作。即使是这样，在交谈时也一定要找到切入点。

在一次聚会上，有朋友问起关于一位明星偶像的事情，大家都打趣他，一个早过了不惑之年的人竟然还追星。朋友无奈道："你们哪里知道啊，这个明星是我儿子的偶像。前几天无意间听儿子提起，于是随口问了一句他是干什么的，被儿子取笑了，说我落伍了。这不，想问问你们知不知道这个人，省得下次又被儿子笑话。"

上面那位朋友想要和子女愉快地交流，就一定要了解当下娱乐圈最红的明星有哪些，而且要对他们的近况有所了解。同样的，在公司或者是私人聚会上，话题的切入点可以是娱乐新闻，也可以拿时下热议的话题出来"晒晒"。当然，这只是最普遍的做法，并不见得对所有人都适用，因为有些人会对这些话题不感兴趣，而且很多人都有先入为主的观念，对自己不熟悉或者是不擅长的事情会产生反感，如，有些年纪大点的人，可能不喜欢时下流行的话题而更热衷于怀旧，所以聊天时一定要观察对方的反应，随时做好转换话题的准备。

三十六计，"攻心"为上

古人云，"心战为上，兵战为下"，意思是"攻心"才是真正的上策。辩论犹如用兵，也要注重心理战术，辩论中的"攻心为上"就是揣度对方心理，注意辩论对策的合理性和合意性，使对方心理发生变化，成功瓦解对方的斗志。

第二次世界大战期间，丘吉尔于圣诞节前去了美国，希望说服美国和英国结盟，立即对德宣战，以扭转英国所面临的危机。可是当时不少美国人对英国人不抱好感，反对介入对德战争，这无疑给丘吉尔的说服工作增加了难度。

但丘吉尔不愧是著名的演说家，他在进行说服工作时十分注意运用攻心技巧，用情感来打动美国人，化解了他们对立的情绪，从而转变了态度，支持政府援助英国，参加对德作战。

丘吉尔说："我远离祖国，远离家园，在这里欢度这一年一度的佳节。但我并不觉得寂寞孤独。或许是因为我母亲的血缘关系，或许是因为我在这里得到的许多友谊，让我根本不觉得自己是个外来者。我们的人民和你们讲着同样的语言，有着同样的宗教信仰，追求着同样的理想。我感受到的是一种和谐的、亲密无间的气氛。

"在一片战争的混乱中,今晚,每一颗宽容无私的心灵都得到平安。因此,至少我们可以在今晚,把那些困扰我们的各种担心和危险搁置一边,并在这个充满风暴的世界里,为我们的孩子准备一个幸福的夜晚。那么,此时此刻,在今天这个夜晚,世界中的每个讲英语的家庭都应该是一个有阳光普照、幸福和平的小岛。"

丘吉尔从两国人民共同的语言、共同的宗教信仰、共同的理想及长期的友谊切入,将这些共同点作为彼此相信、相互了解的基础,并把它提出来,用"阳光普照、幸福和平"的小岛这样的话语,打动了无数美国人的心,使他们改变反战立场转而支持与英国结盟。

同样在人际交往中,每个人都有自己不愿意说的话,一段忧伤的过往、内心的小秘密、青春期暗恋的甜蜜……无论是哪一种,不愿意说的原因都是因为自身的自我保护意识在发挥作用,害怕自己一时嘴快说出的话成为以后对方攻击自己的把柄,因为毕竟没有永远的朋友,或者害怕有损自己的形象,让下次见面时陷入尴尬。当然,如果你想让交谈对象说出不愿说的话,对你敞开心扉,就需要用点语言技巧打消他们心中的顾虑。

打消对方心里的疑虑,探知对方不愿说的话语,有两种策略:

例如,你想询问一位长者对年轻人的看法,如果你直接问:"老先生,您怎么看待时下的年轻人。"对方肯定不会给予真实的见解而是轻描淡写的一句带过:"还不错。""朝气蓬勃。"

这种敷衍的回答不会是你想要的答案,也不会是对方心中真实的看法。如果你换一种方式询问:"老先生,像您这个年纪的人如何看待如今的年轻人。"你将问题的视角转移到了与老先生同一年龄层的人对年轻人的看法的角度，这样，对方就可以以第三方身份来回答这个问题，那么忌讳就会少很多，因为尽管他发表的是自己内心的想法，但他却是以同龄人的身份，这样就便于将批评性言论与自己撇清干系，不用担心说出心里话会被年轻人所不齿。忌讳少了，说出的话必然就会真实得多。

那些电视台的名嘴、辅导人员、会议主持人都深谙此道，在诱使对方说出自己想要的答案时都会将问题变化角度提出，让对方觉得问题和自己无关，于是总能使谈话者毫无顾忌地、放心大胆地高谈阔论。

无论用什么方式，只要能动摇对方的内心，对方就会说出你想知道而他本不想说的那些话。当然，要动摇对方的内心，也需要技巧，而警察在与罪犯的斗智斗勇中总结出的一些经验，对我们在人际交往中有借鉴作用。

1．警察在审问犯罪嫌疑人时，在言行上会突出自己的权威性，给对方心理施压，当他们心理防线崩溃时，自动就会交代问题。

2．在施压的同时，给予对方安慰，表示自己很同情他的遭遇，希望可以给予他帮助，这样一来，犯罪嫌疑人会觉得自己和审讯者之间产生了共鸣，从而减轻心里的抵触情绪。

换句话说，为了使对方说出不愿说的话，我们可以采取两种策略，即迂回智取和直接进攻。上面的第一种策略就是迂回智取，第二种就属于直接进攻。而迂回智取的妙处在于，对方回答你提出的问题时不会有心理负担，他不需要为自己的言论负责，所以会畅所欲言。因为人们只对和自己关系紧密的事物才会谨言慎行，当这种联系不存在了之后，人们的顾虑就会减小。

至于直接进攻，那就更好理解了，通过向对方心里施压的方式攻击对方的心理防线，加之打出同情牌，使对方放松警惕，自然而然地把心里话说出来。

废话连篇要不得

一切事物都有其存在的目的和意义，谈话也不例外，无论是开会发言、记者采访、恋人之间的甜言蜜语、朋友间的闲聊家常，都是为了实现一定的交际目的而进行的。所以在说话时，一定要时刻围绕主题，语言明晰、目的明确。当然我们在交谈时，大多数情况下，说的话都应当是明确的，但是，在交谈的过程中往往会出现跑偏的现象，要么脱离了原先谈话的轨道，跑到其他不相干的话题上去，要么含糊其辞、模棱两可。导致话题跑偏的原因有很多，但其中最根本的原因是：缺乏明确的谈话目的。

某研究所申办了一个项目，领导派了一个干部到院里有关部门去问关于审批的结果。这位同志回来后向领导汇报说："所长，现在办点事，真麻烦！为了咱审批的事情，我连续跑了好几趟，跑了院里好几个部门，可是始终没有搞清楚到底是哪个部门负责咱们的审批工作，急得我吃不下睡不着。您不知道，现在院部大楼正在重新装修，各处室乱七八糟的，想找个人真是比登天还难。咱们要找的科技开发部，是个新设的部，一共没几个人，还老下去办事。谁知道他们整天忙的是公事，还是私事。前天，我一连去了两趟，都是'铁将军把门儿'——没人！昨天下午，我好不容易才逮到他们的办公室主任。嘿！一见面我就乐了。这个人我认识，他是我大学时的同学，而且还是一个系的师兄，我们都喊他大刘！他的乒乓球打得不错。上大学那会儿，我们俩都是校代表队的。我和他的关系铁的很，就咱这点事情他还能办不好？而且他也觉得咱们研究所有能力办个咨询公司。这能更好地发挥咱们的优势，面向市场，开放搞活嘛！他还说，虽然在咱们之前已经有人行动起来了，但是凭借咱们所的实力一定能能够后来居上。他表示大力支持，将来咱们有什么困难，找他帮忙没问题……"

所长听他啰唆了一大堆，就是没有说到主题，于是不耐烦地打断他问："你快说说，报告到底批了没有？"

这位同志一见领导急了，赶紧说："批件呀！大刘说，审批所一级开办新项目，他们还要和院办研究一下，院办同意了才能批。没办法，我又去院办，可是不巧，院办的王主任这几天出差去了，下礼拜才能回来。所以，咱们这事只能等到下礼拜再说了……"

真要命！碰上个这样说话的，一件小事也能扯成一团乱麻。有些人说话为什么会东拉西扯，就是因为抓不住重点，主旨不明确。说话时，只有主旨明确，才能有所取舍，才能知道该说什么，该在哪里结束，从而避免跑题，避免说多余的话。

所以出于社交的需要，每一次谈话都应该具有针对性，要达到一定的效果，即使我们交谈的对象不同、谈话的目的不同，但是最终的结果却相同——达到目的，当然要做到这些就必须具有一定的能力。无论你是想单纯地找朋友聊天或者是特意找他帮忙，或者是谈一笔重要的生意，你都必须要具备谈话的能力、根据对方的兴趣转换话题的能力、即使遇到尴尬的场景也能够保持态度友好而真诚的能力，等等。

具备了这些能力，就可以很轻松地做到与人谈话有的放矢，那么达到谈话的目的就很容易了，谈话、社交往往能够取得良好的效果，有时甚至能够帮助你化险为夷。

当然，人们说话的目的，不外乎几种：将自己知道的信息或者是掌握的知识传递给对方，最常见的有学术报告、现场报道、产品介绍、解说等；想引起对方的兴趣或者注意，进而进行沟通或者是接触，如打招呼、应酬、寒暄、提问、拜访等；为了交流感情，通过叙旧、聊家常等方式取得对方的信任，进而增进感情；为了激励对方的斗志、坚定其信心、振奋精神，当然这类多是赞美、鼓动式演讲，或者是就职演说、毕业典礼和各种庆祝活动；为了改变对方的观点或者是信念，通过谈话说服对方，如谈判、论辩、批评、法庭辩护、竞选演说、改革性建议等。

要达到谈话有的放矢，就要坚持话由旨遣的原则，明确说话目的，有了目的，我们在谈话时寻找谈资和话题就会更容易，如果你能够在谈话时再加入些技巧，采用对方喜欢的语言风格，那么效果会更加明显。相反，如果谈话没有目的，不顾场合信口开河、东拉西扯，不但对方会不知道你的用意，自己也会无所适从。

遇什么人说什么话

与人交谈时要懂得变通，由于人的性格、禀赋、生活背景、地位、年龄等的不同，我们所接触的人的思想境界也会不同，接触的信息类型和话题往往也会不相同，还会因为不同的专业知识，津津乐道的话题不同，所以要想和不同的人相处得愉快，交谈时就不能想说什么就说什么，要从谈话对象的不同特点出发，尽量使用对方会认同的语言，谈论对方熟悉和关心的话题，并且视具体情况灵活应变，迎合对方心理，从而创造一种和谐、融洽的气氛，赢得对方的好感，更好地达到交谈的目的。我们通常说的"见什么菩萨卜什么卦，看什么人说什么话"讲得就是这个道理。

如果想做到谈话投其所好，就要先了解谈话对象，包括其性格、爱好、职业、身份、文化修养。拿不同性格的人来举例：对于傲慢无礼的人，交谈时没有必要铺叙，简洁有力有时候更适合；对性情沉稳的人，交谈要直截了当、直奔主题；对于瞻前顾后、优柔寡断的人，说话时要有停顿，将事情化解成几部分来讲；对行动迟缓的人，说话时要有耐心。

对于那些初次见面的人，如果没有足够的时间去查询对方的资料，最好不要急于表达，要学会多聆听，通过他的谈话去评估对方，如果对方说话很直接，就证明他是一个爽快的人，那么你在和他交谈时也应该直率；

如果对方说话很委婉，你也应该注意选择措辞，不要太直接；如果对方说话彬彬有礼，那么你说话的时候也该温文尔雅。如果你能做到说话的方式与对方的个性相符，在交谈时便能一拍即合。

如果遇到跟不同对象交谈同一内容时，也需要用不同的语言来表达。如果你的交谈对象是文化水平一般的人，交谈时千万不要文白夹杂、之乎者也，要用最朴实明白的语言；如果你的交谈对象是文化素养很高的人，你讲话时一定要加以修饰，不可以太直白。当然，除此之外，还要顾及交谈对象的身份问题，即使对方文化水平不高，但是身份尊贵，是自己的上司或者是跟自己关系不很亲密的人，谈话时一定要考虑对方的身份，不可以太直白，态度要尊敬、自然，不要显得紧张；对方发表意见或者建议时，不要随意插话，除非对方希望你有所响应，当然更不要做"应声虫"，否则对方会认为你在敷衍或者你没有主见。

当然，如果对方是你的下属，你的态度一定要和蔼、庄重，让对方觉得你对他的谈话很有兴趣，足够的尊重他，让他有继续交谈的勇气和兴趣，当然也不可过于亲密，否则对方会觉得你没有领导的威严；如果对方是女性，无论是你的上级还是下级，在交谈时，你都要保持尊重的态度、彬彬有礼，不随意打断她谈话的内容；如果对方是年长的人，你应该保持谦虚的态度；如果对方是后辈，你一定要表现得沉稳，同时避免与他们辩论。

和对方交谈时，一定要因人而异，这样不仅更易拉近彼此之间的距离，还能体现出你自身的素质和修养，也让对方感受到尊重与信任，从而使双方产生极佳的共鸣。

什么场合说什么话

我们是生活在一定时间、一定地点、一定条件下的人，会在不同场合，面对不同的人。为了达到交流的目的，应该根据谈话对象的不同、场合的不同，采用不同的说话方式及谈论不同的内容，只有这样才能达到更好的效果。事实也证明，那些懂得看场合、懂得揣测人们心理的人，更容易受到大家的欢迎。不看场合、随心所欲、信口开河、想到什么说什么的人，会被排斥在交际圈之外。

所谓的谈话场合是指说话的时间、地点以及特定的交际场景（社会环境、自然环境），场合对于交际有直接的制约作用——谈话双方对于话题的选择与理解、某个观念的形成与改变、谈话的心理反应以及交谈结果都与场合有直接联系。

说话时要根据场合决定话语的内容和表达方式。著名作家李存葆说过："在战斗最激烈的时候，宣传鼓动不会是长篇大论，有时面对敌人痛骂一声，回头向战友一招手，喊一声'有种的，跟我上'，这比长篇大论的宣传鼓动更有效。"李存葆的话充分地说明，说话只有根据场合，灵活运用语言，顾及场合影响并有意识地巧妙利用场合效应，才能取得更好的效果。

有一个相貌不俗的年轻人，性格温和，但是因为不太会看场合说话，所以没有人愿意与他结交，在岳父去世的宴席上，家人都因失去至亲而哭泣，他好意以酒相慰，对内弟说："好事成双，再饮一杯"。邻居结婚，他前去祝贺，新郎新娘前来敬酒，他豪迈地说："邻里多年，咱这感情就不用说，以后你再结婚一定要通知我，我还来吃喜酒。干了。"满座宾朋面面相觑，邻居也哭笑不得，可是他却没有发现自己说错了话。之后，乡里亲朋再有婚丧嫁娶的大事小情也都不再邀请他了。可见说话看场合多么重要。

一个具备良好表达能力的人，能够很好地控制自己的情绪，可以根据当时的场合找到最佳的话题和最容易让人接受的说话方式，轻易引起谈话对象的兴趣，将主动权掌握在自己手里，赢得良好的人际关系。

要想具有良好的表达能力、成功地传递正确的讯息，就要学会运用语言技巧，即驾驭语言的巧妙技能。

叶圣陶先生曾说："语言技巧最主要的是选择最适当的形式把真意表达出来。"可见，言语技巧的根本点，在于选择最恰当的语言表达形式，以便能更好地表意传情。而语言技巧的形成，需要生活的历练和深厚的文化底蕴、对语言表达能力的掌握、对场合和情景的洞察。虽然这些技巧不能被看作是无往不利的利器，但是拥有它们无疑会给我们的交谈增色，提升你的个人魅力、沟通能力。

所以我们在与人交谈时，一定要切记，当交谈的对象正失意时，千万不要谈得意事，因为那可能会加重对方的失落感。所以，即使你万事顺心，也要故意说些辛苦的事给朋友听。如果谈话的对象现在正得意，千万不要谈失意的事，因为他们当时可能不能体谅失意者的痛苦。所以我们要时刻提醒自己——什么场合说什么话！

说话，不看数量看质量

《墨子》中有这样一段对话：子禽问曰："多言有益乎？"墨子曰："虾蟆蛙蝇，日夜恒鸣，口干舌擗，然而不听。今观晨鸡，时夜而鸣，天下振动。多言何益？唯其言之时也。"墨子的意思是说，蛤蟆、青蛙，白天黑夜叫个不停，叫得口干舌疲，然而没有人去听它的。雄鸡，在黎明按时啼叫，天下震动，人们早早起身。多说话有什么好处呢？重要的是，话要说得切合时机。

"好菜连吃三天惹人厌，好戏连演三天惹人烦。"语言作用的大小，不在于"数量"，而在于"质量"。过犹不及，与人交流或者做报告时，一定要掌握火候。引经据典、长篇大论或许能够让你的谈话内容丰富，但是也能让听众听觉疲惫，最终不知你所云。所以有时候，精练的话语更能达到目的。

因为任何事物，不管是多复杂的现象、多深奥的思想，说到底都是经过抽象概括后的认知。而这些认知恰恰就是事物的精华与核心，所以无论是闲谈还是正式探讨，只要抓住话题的精髓领悟它就能触类旁通。如果你能用极为简明的语言，条理分明地将自己的观点加以表述，或将对方思想、观点上的实质部分——揭露，便能达到"片言以居要，一目能传神"的效果。

语言学家拉克夫曾总结过说话的原则：说话不要咄咄逼人；让别人也有说话的机会；让人觉得友善。那些喜欢滔滔不绝的人，常常会忽略听者的感受，所以很容易招人烦。

马寅初在担任北大校长期间，被邀请参加中文系郭良夫老师的结婚典礼。他平时都很忙，很少参加活动，所以人们看到他能来都很高兴，希望他可以上台致辞。但是马寅初来的时候没有想到会有这个环节，所以没有准备，但是为了不扫大家的兴，只得上台。可是讲什么呢？夸新郎？没有新意而且太客套，讲学问？自然不合时宜。最终他只说了一句话："我想请新娘放心，因为根据新郎大名，他就一定是位好丈夫！"

起初人们还不明白校长这句话的含义，可是一联系新郎的名字，恍然大悟，"良夫"不就是善良美好的丈夫吗？

在与人交流时，一定不要浪费大家的时间，将自己要讲的内容凝练成一句话，避免无意义的重复，否则效果会适得其反。

在一次亚洲大专辩论赛中，香港中文大学队与新加坡国立大学队，针对"个人利己主义是社会进步的最重要因素"的辩题进行辩论。新加坡国立大学队为正方，香港中文大学队为反方，双方争辩激烈，相持不下。

这时，香港中文大学一个队员指出："国父孙中山先生领导辛亥革命，推翻了中国两千多年的封建统治，难道是因为个人利己主义吗？爱迪生发明电灯，造福全人类，难道也是因为个人利己主义吗？"这句话虽然简短，但是一针见血、切中要害，具有几乎不可辩驳的威力。

俗话说："秤砣虽小压千斤。"话说得多不如说得妙。

人人都爱听故事

在蒙大拿州一个偏远的山村，一位牧民正在放牧。突然，一辆崭新的高级轿车出现在他的面前。开车的人穿着非常考究，他放下车窗探出头来对牧民说："我敢打赌，我能非常准确地说出你的牛群有多少头牛，如果我说对了，你就送一头小牛给我，怎么样？"

牧民看着这个一身名牌的家伙，又看了看漫山遍野的牧群，静静地说："当然，为什么不呢？"

开车人停好自己的车，取出他的戴尔笔记本电脑，连接上摩托罗拉移动电话，登录美国航天局的主页，在那里他申请了一个GPS卫星定位系统的服务，明确自己现在所处的位置。然后他要求另一颗卫星为他提供所在位置的高清晰照片，他用图像处理软件打开得到的数字照片，将这些照片发给德国汉堡的数字图像处理中心处理。片刻之后，他收到了电子邮件，图片已经得到了处理，数据也被储存了起来。然后他访问了微软数据库系统，将电子邮件上的数据输入电子表格系统，几分钟后他得到了结果。

最后他用微型高精度惠普激光打印机打印出一份150页的全彩报告，他拿着报告微笑地看着牧民："哈哈，1586头，怎么样？"

"完全正确，好吧，你自己可以挑选一头带回去了。"牧民答道。

牧民平静地看着开车人进入牧群，笑嘻嘻地看着他挑选了一头放进自己的车里。之后牧民走向他的车子说："嗨！如果我能准确地猜出你的职业，你能把它还给我吗？"

开车人看着这个乡下人想了想，点点头："当然，为什么不呢？"

"你一定是个国会议员。"牧民毫不犹豫地说。

"哇！太准确了！"开车人惊呼，"你怎么猜得这么准？"

"根本就用不着猜，"牧民说，"你们总这样。第一，没有人请你来可你还是来了；第二，你愿意花大量的时间和金钱去研究一个问题，其实你想要的答案我早就知道了；第三，我没有向你提出任何问题可你却能自己制造出问题；第四，你们总是夸夸其谈，显得非常能干。你们总喜欢拿所谓准确的数据说话，但你们并不了解那些数据背后的实际情况，比如，你知道我牧群的数字，可是我要告诉你我放的是羊而不是牛……"

议员目瞪口呆地看着牧民。

牧民伸出双手说："好了，现在把我的牧羊犬还给我吧。"

这是在网上广为流传的一个故事。在这个故事里，我们可以看到创意的力量。

可以设想这是某个人说的一个故事。那么他想表达什么呢？我们很容易得出结论，作者只是想讽刺一下这位议员只会空谈，处理问题不从实际出发，表面上做出一副会分析、会推理的样子，其实只是些华而不实的小伎俩罢了。

但是如果作者很直白地指出这些弊端，赤裸裸地批评他一通，不仅不能引起大家的共鸣，还可能被戴上一个愤青的帽子。一旦作者把自己想表达的东西融入这种很有创意的小故事里,在人们笑过之后,他的意见就很容易被人们接受。

我们在表达自己意见的时候,总是不确定自己的想法是否会被别人接受。如果自己的想法都直接被别人否定了,那么接下来的行动一定会更加困难,所以我们想要得到别人的支持,就必须使别人认同自己的想法。如果你能在表达自己的想法上多加些创意,像这个故事里说的一样,引起听者的共鸣,你的想法就能得到别人的支持。

第四章 学幽默之道,不做讨厌之人

让幽默来"拯救"针锋相对

要想让语言生动,幽默是最好的表现手法之一,和幽默的人交谈会比和刻板的人交谈气氛更融洽,尤其是在出现分歧的时候,各持己见、互不相让使气氛变得很紧张。那么,幽默无疑是最好的调和剂,可以让剑拔弩张的气氛得到缓解,而且善于运用幽默的人在辩论中总会占有"人和"的优势,化争执为一笑。

幽默的语言可以是轻松的、搞笑的、风趣的,也可以是辛辣的、犀利尖锐的。而在辩论中,辛辣的幽默似利器,可以在诙谐之中暗示出事物的本质,从而达到表达自己观点的目的。虽然用幽默的方式辩论,没有严密的理论作为支撑,甚至没有辩论的气氛,但是同样具有很强的辩论威力。

第二次世界大战结束之后,为了惩处日本战犯,成立了临时性国际司法机构,即远东国际军事法庭。在开庭审判28名战犯之前,美、中、英、加、法、新、荷、印、菲等10个参与国的法官们因为在法庭上的座次问题展开了激烈的争论。

远东军事法庭的庭长,是由盟军最高统帅麦克阿瑟指定的,由澳大利亚的资深法官韦帕担任。他的席位在中间无可厚非,但是庭长左右两边的位置很重要，不仅可以和法官交换意见，还可以彰显出所在国在审判中的地位，可以影响整个法庭的控制权。韦帕为了讨好美英，不顾其他国家的意愿，擅自安排了座次，右边是美国、中国、法国、荷兰、印度的法官，左边则是英国、苏联等国的法官。从整体来说，中国排在美国、英国之后的第三位，失去了对法庭的控制权。

对于日本的战犯最有审判权的应该是中国和苏联，可是中国当时还处在风雨飘摇中，根本没有实力和英美等国抗衡。中方的代表梅汝璈为了国家的利益和尊严与参加审判的其他强国展开了一场机智的唇枪舌剑。

梅汝璈找到了韦帕，希望他重新考虑座次问题，因为这样排座次于理于法都不相符："法庭的座次应该按照接受日本投降的签字先后来排，或者按照国名的字母顺序排。而且即使不改变排序，作为代表我还是要请示政府才能够表态。"

但是韦帕只是对他摊开手耸耸肩膀，说："已经定了，不能再更改。"

梅汝璈不紧不慢地与韦帕论理："庭长先生，日本法西斯侵华八年，中国受害最深，中国的老百姓付出的牺牲与损失是任何国家都不能相比的。没有日本的无条件投降，也就没有今日的审判。法庭上能够按各受降国的签字顺序排列座次，当然是顺理成章的事。"说完他话锋一转，一改之前严肃的表情，面带调侃的微笑说："当然，如果各位不赞成这个办法，我们不妨找一个体重计，然后依照体重安排座位，体重重者居中，体重轻者居旁。"

其他各国的代表听了他的话后，忍俊不禁，韦帕笑着回应道："你的提议很好，可是这是法庭不是拳击比赛。"他一边说，一边摇头，坚持自己的想法，依然不予改动。

梅汝璈接着说:"如果不以受降国签字顺序排座,最好就依体重排座,因为这样即使我被排在末位也心安理得。而我也可以对我的国家有所交代,一旦他们认为我不该坐在角落,至少还能另派一名比我胖的人来替换我。"

代表们都被他的幽默折服了,于是纷纷表示支持他的提议,可是韦帕仍然一意孤行,坚决不同意重议座次的问题。

在开庭之前,韦帕决定对法庭进行一次预演。梅汝璈觉得这是一个说服对方改变主意的好时机,于是对韦帕说:"我不参加这样的预演,因为记者、摄影师会让预演见报的,那就成了既定事实。据我了解,我上次的建议同仁们并无多大的异议,因此,请求庭长对我的建议在会上进行表决。否则,我不仅不参加预演,还将回国去向政府辞职。"

梅汝璈的举动,让韦帕更加不满,但是他也知道自己在排座次问题上有失公道,而且其他国家的代表也已经站在了中国一方,又虑及开庭在即,闹出风波来于己不利,为不影响按期开庭,只有做出让步,同意各国法官开会进行重议。

而中国顺理成章地排在美国之后、英国之前了,移前到左边第一位。梅汝璈用他的机智和幽默为自己的国家争取到了应有的权利。

可见,在针锋相对的辩论中,有时舍弃正面的据理力争,改用风趣幽默的语言,反而会收到意想不到的效果。

每个帝王都希望自己的江山可以永固,自己可以长生不老,英明神武的汉武帝也不例外。他一直在寻求长生之道,一天他对东方朔说:"据《相书》记载,人的人中长短代表寿命的长短,人中越长寿命也就越长,人中长一寸就能活一百岁，不知可不可信。"

东方朔听出来汉武帝的言外之意，知道武帝又在做长生不老的美梦了，于是毫不掩饰地露出了讥讽之色，汉武帝看到他的反应，怒斥道："大胆奴才，你竟敢嘲笑朕。"

东方朔丝毫没有被汉武帝的怒气吓到，不慌不忙地摘下帽子，毕恭毕敬地答道："微臣不敢也丝毫没有笑话陛下之意，我是在笑那彭祖的脸而已。"

汉武帝不解地问："彭祖的脸有什么可笑的？"

东方朔答道："据记载，彭祖仙逝时800岁，如果《相书》上记载的是真的，那么彭祖的人中就该有8寸，那他的脸该有多长，岂不是很难看。"

汉武帝听完他的解释后，也忍不住哈哈大笑，于是没有责罚他之前的失礼。

东方朔以幽默诙谐的语言，利用彭祖来讽刺《相书》记载的荒谬，提醒汉武帝不要相信那些关于长生的无稽之谈，既达到了目的又保住了皇帝的颜面，一举两得。

幽默的用处不仅与此。荀子曾经说："言语之美，穆穆皇皇。"意思非常简单，是说语言的魅力在于美好而正大。而美好正大的语言，往往都是光彩照人的。幽默语言同样有这种魅力，它以激活信息的输出为目的，意在调剂人际关系，那些不顾场合的挖苦和嘲讽绝不在幽默之列。幽默用诙谐的方式展示出一种才华、一种智慧，使听者能置身于轻松有趣又能领悟哲理的氛围之中。

幽默来了，尴尬就没了

先看下面的故事：

德国有位著名的霍夫曼将军，一次他到基地去视察军队建设情况。当地的一位军官为他准备了欢迎酒会，酒会的气氛十分融洽，大家都被霍夫曼将军的风度和才气所折服。

在大家举杯同饮之后，一个下级军官来给将军斟酒。由于太紧张，这个军官拿着酒瓶的手不小心抖了一下，将酒洒到了将军的光头上。

气氛顿时紧张起来，在场的军官和士兵都十分紧张，他们做好了迎接将军大发雷霆的准备。特别是那个倒酒的军官，他愣在那里，一句话也说不出来。他低着头，甚至都不敢看将军一眼。

看到这样的情景，霍夫曼将军知道大家都以为他要发脾气了。他若无其事地从口袋里拿出手帕，把头上的酒擦了擦笑着说："小伙子，我这头发掉了都快二十年了。什么方法都用过了，都没用，不知道你这个法子行不行，不管怎样，还是先谢谢你啊！"

此话一出，大家哄笑起来，那个军官涨红的脸也终于恢复了本色。他向将军深深鞠了一躬以示感谢，流着眼泪退了下去。

这时，大厅里响起了一片热烈的掌声……

在社交场合中，我们总是会与一些尴尬的场景不期而遇，要怎么去处理呢？是任由事件左右自己，还是主导事情的走向？在面临出人意料的场景时，多数人都会傻傻地愣在那里，不知所措。事实上，在这样的时刻最需要的是你的冷静、机智和勇敢。尴尬只是纸老虎，几句幽默的话便能将它吓退。就像上面的例子一样，小军官在将军面前犯下如此严重的错误，令将军置于尴尬的处境中。看到部下的紧张情绪，将军巧妙地运用自己的智慧，不仅打破了尴尬的僵局，还在下属面前树立了极好的形象。

我想很多职场上的朋友都碰到过下面的情况，想想你们自己会怎样处理呢？

小李带着自己4岁的儿子来办公室玩。这孩子机灵得很，十分淘气。他对办公室的东西十分好奇，一会儿摸摸这个，一会玩玩那个，很开心。

一不小心，孩子把书架上的花瓶给打破了。这可惹怒了小李，他扬起手，不由分说就扇了孩子一巴掌。那声音比花瓶摔破的声音还要大，听到之后，大家都非常心疼孩子，瞬时孩子的哭声也响了起来。小李可不顾，扬起手又是一巴掌。

同事们都看不下去了，纷纷出来劝小李。只见张姐噌地跳起来，指着小李的鼻子大声喊叫道："你干吗打孩子，你的手怎么这么重？"这一嗓子，同事们都愣住了！小李扬起的手也停在空中。

张姐指着孩子接着说道："你知道你这一巴掌影响有多大吗？要是你这孩子长大可以当天文学家，就被你这一巴掌打没了；如果你的孩子长大可以当经济学家，也是被你这一巴掌给打没的。你该抽自己才对，一巴掌造成的损失这么大。"

听到这里,同事们都哄笑起来,小李也忍不住笑了:"还经济学家呢,他要是有那么聪明就好了!张姐你的嘴可真厉害啊!"

办公室的气氛又活跃了起来!

还是上面的问题,要是你碰到这种情况,会怎么处理呢?多半会跑上去劝住小李,抑或是把他的孩子带出去。这样虽然可以缓解当时的气氛,但是如何能让小李消气呢?看看人家张姐,用不着动手,简简单单的几句话,就把小李给说乐了。我们真是该好好向她学习。

意大利的索非亚·名兰曾说:"我相信幽默感也是魅力的一个组成部分。有了幽默感,人们可以在一种非常融洽的气氛中彼此交流思想和看法。缺乏幽默感,生活就变得非常单调和枯燥。"事实上,为了获得更多人的注意,报纸杂志、网络帖子或者是平时交谈,人们总是会适时地加入幽默的元素。而幽默也逐渐成了人们的处世哲学。

杰克是公司里公认的"迟到大王",老板终于忍无可忍,说:"如果我发现你下次再迟到的话,就打包回家吧!"

杰克一听,马上笑着说:"没有了饭碗还了得,我保证下次再不会迟到。"于是接下来的一周,杰克总是早早地到公司。可是,杰克是典型的夜猫子,喜欢在晚上玩游戏到深夜,所以他只坚持了几天就恢复了本性,睡眠不足,上班没有精神,而且又开始迟到。

这天他又因为贪睡而迟到了,匆匆赶到公司之后,忐忑地进入办公室,发现气氛不对,大家安静地坐在位置上,似乎在专注于各自手头的工作,可是神情又不对。

一个同事看他呆呆地站在门口，不停地向他使眼色。果然，他扭头看到坐在自己座位上的老板。见老板站起身朝自己走来，杰克灵机一动，笑着主动走向老板，并伸出手握住老板的手，说："您好，我是杰克，听说贵公司半个小时前有一位员工因经常迟到被解雇了，我是来应聘的，看情形我是来得最早的应聘者，希望您可以给我一个机会。"

说完，杰克满眼希冀地看着老板。所有同事都因他的话哄堂大笑，老板也没有忍住跟着笑了起来，然后正色说："那就开始工作吧，不过希望你别和那位离职的员工一样总是迟到。"杰克满脸堆笑地说："不会，不会。"

人们难免会遇到尴尬的情况，处理不好会让自己颜面大失。遇到这种情况，幽默是最有效的化解方法。上面故事中的杰克正是用幽默化解了老板对自己迟到的不满，保住了自己的工作，让当时尴尬的气氛不复存在。所以，不论是为了自我保护，还是为了调节气氛，都要多学一点幽默的技巧。

能够熟练运用幽默技巧的人，即使是自己的缺点暴露在人前，也能够从容不迫地化解，不会感到窘迫；即使是身在困境，也能够苦中作乐、保持良好的心态。而且幽默还可以化解敌对情绪，让人与人相处更加融洽、交谈更加顺利、办事更加有效率。所以在与人沟通中，适时地加入幽默的元素，能够给周围的人带来快乐，扩大自己的交际圈。

随时随地，幽默一下

《阿甘正传》中，阿甘的母亲鼓励阿甘时曾说过一句经典的台词，后来这句台词成为阿甘对他遇到的每个失意的人都会说的一句话："妈妈说，人生就像一盒巧克力，你永远不知道下一颗会尝到什么滋味。"其实人际交往也是一样，你永远无法预知自己的交谈对象会问出什么问题。遇到这种情况，就要考验说话者的口才和随机应变的能力，如果能够就地取材，将语言和情景有机地结合起来，不仅能够让听者觉得富有新意，还能让交谈的氛围更加和谐。

幽默是人的一种特质，不是刻意为之就可以达到预期效果的，富有幽默感的人，不用刻意为之也可以将幽默的元素发挥得淋漓尽致，在交谈的过程中信手拈来没有丝毫的违和感，既可以让交谈对象充分感受交谈内容所蕴含的深意，又可以带动当时的气氛，将话题扩展开来。

老舍先生说："幽默者的心是热的，他必须和颜悦色，心宽气朗地去揭示事物的可笑之处，宗旨在于善意地规劝或纠正。幽默'可以讽刺，也可以不讽刺'，它比讽刺的外延更广。"当在交谈的过程中遇到"意外"时，不妨就地取材用幽默来缓解尴尬。

在一次金鸡百花奖的颁奖典礼中，当主持人李咏宣布"下面要揭晓的是最佳纪录片奖，请看大屏幕"后，屏幕上播放的却不是事先设定好的最佳纪录片的候选影片简介。因为当时还没有耳麦，所以李咏并没有得到提示，但是凭借多年的主持经验，他知道工作人员放错了片子。果然十几秒之后，屏幕上出现了 logo。

为了给工作人员更多的时间纠正错误，也让现场气氛不至于冷下来，李咏调侃道："大家知道工作人员为什么放错带吗？不是因为他们太累，也不是不专心，而是因为奖项太多了，他们弄不清楚了。"观众听完后都笑了起来，现场的气氛又开始活跃起来。

李咏就地取材，根据现场的状况调侃，将观众的注意力从放错影片上又转移到了奖项上，让现场的气氛更加高涨。由此可见，有幽默感的人总是能够将幽默信手拈来，既可化解危机又可为他人带来快乐，悦人悦己，一箭双雕。

当然，就地取材这种幽默方式极考验说话者的思维能力、反应能力和知识的储备能力，而这些能力，在生活中都可以慢慢地锻炼和积累。就地取材的素材，可以是姓名、籍贯、年龄、服饰、居室等，都可作为幽默的元素，巧妙地借用彼时、彼地、彼人的某些材料为题，借此引发交谈，常常能够取得更好的效果。

李咏在录制《非常6+1》时，曾遇到一名跆拳道运动员来参加选秀。在做自我介绍时，这名选秀选手说他是黑带级别的，李咏一听马上掀开西装露出腰带，接话道："我也是黑带。"选手一看，也下意识地掀衣服，可是偏巧他今天因为演出需要扎的是黄色的皮带。观众看到后爆笑出声。然后李咏又故意拿着领带说:"你看我的领带也是黑色的,所以我是双黑带段位。"

还有一个小故事:

有一年春节,中央电视台新闻评论部的"名嘴""名记"们自导自演自看搞了一场小型联欢会。

在联欢会上,大家一致推荐崔永元等人表演一个小品,小崔也不含糊,扮作"新娘"登场,担当"新郎"角色的是新闻评论部主任。出人意料的是,这个"新娘"怀里比别的新娘多了一个小宝宝。

于是,主持人白岩松就在大家的授意下前去采访"新娘"崔永元:"请问新娘为什么带个孩子?生孩子的感觉怎么样?"

"新娘"崔永元假装不解地反问白岩松:"难道你不知道吗?"

白岩松老老实实地回答:"不知道。"

"新娘"崔永元又问:"你真的不知道吗?"

白岩松再次肯定地回答:"不知道。"

这时,"新娘"崔永元一脸坏笑地说破了谜底:"生孩子的感觉是——痛并快乐着!"台下观众顿时哈哈大笑,并报以热烈的掌声。

原来,"痛并快乐着"正是白岩松出版的一本书的名字。在这里,崔永元借着白岩松的书名《痛并快乐着》来形容生孩子的感觉,真是令人乐不可支。

幽默让你我更亲近

很多人都习惯或者是喜欢待在熟悉的环境，和熟悉的人相处，因为见到陌生人或者处于陌生的环境难免会忐忑。跟初识者交谈时为了给对方留下好的第一印象，总希望找到对方感兴趣的谈话点，但是因为不够了解，对话题选择会犹豫，即使是提前做了"功课"，开口时也难免会紧张。

这种时候，用幽默来舒缓紧张的情绪会是一个很好的办法，气氛好了，交谈双方的疏离感也会变淡，所以那些社交能手都是惯用幽默的高手，能够用幽默的力量化解疏离，让自己更容易接近、更富有人情味，也让自己更容易接近别人。

幽默的语言具有"四两拨千斤"的力量，是缓解气氛的调节剂，能够让尴尬的气氛得到缓解。所以幽默的语言是成功社交的法宝，是博得对方好感、拉近彼此距离的捷径。

穆哈米是美国著名的节目主持人，是善用幽默的语言活跃气氛的高手。在一次特别的晚会上，穆哈米和协助他主持的文艺界著名人士在台上进行了一场幽默机智的问答赛，台下的观众被他们的机智对答吸引，喝彩声、欢笑声、掌声不断，气氛很热烈。下面我们节选了一组对答一起来欣赏一下语言的魅力。

这组对话的主角是穆哈米和艺坛老将雷利，当满头白发的老人步履蹒跚地走上台后，观众都很担心他的健康状况，主持人显然也注意到了这点，于是微笑着将话筒递给他，问道："您还经常去看医生吗？"

雷利微笑着答道："是的，常去看。"

"为什么？"

"因为病人必须常去看医生，这样医生才能活下去。"

观众听到这个意外的答案后，都会心地笑起来，为老人乐观的精神和机智的回答大声喝彩。

穆哈米接着问："你常去医药店买药吗？"

"当然，因为药店老板也得活下去。"

台下的观众又一次毫不吝啬的鼓掌。

"你买到药之后通常会怎么做？统统吃掉？"

"不。我常把药扔掉，因为我也要活下去。"

台下传来观众的哄笑。

穆哈米接着问："您的爱人好吗？"

"啊，还是那一个，没换。"

观众再次大笑。

雷利利用幽默的语言，让观众在敬畏的同时倍觉亲切，消除了距离感。可见，幽默可以迅速拉近人与人之间的距离。所以在现实生活中，我们可以利用幽默获得他人的好感、消除彼此之间的疏离感，让彼此在最短的时间内成为朋友。

当交谈的气氛紧张或者严肃时,也可以适当地说一些幽默的话松弛一下气氛,缓解彼此的压力,让以后的交谈更顺利,尤其是在商业谈判的时候,这种方式可以起到非常重要的作用,因为能够很好地拉近彼此之间的距离,让拘束感消失了。

一次,建筑学家梁思成被邀请去做有关古建筑的维修问题的学术报告。演讲开始后,他说:"我是个'无齿之徒'。"

台下的听众完全没有反应过来,将"无齿之徒"听成了"无耻之徒",看着台下愕然的听众,梁思成慢条斯理地解释道:"我的牙齿没有了,后来在美国装上这副假牙,因为上了年纪,所以不是纯白色的,略带点黄,因此看不出是假牙,这就叫作'整旧如旧'。我们修理古建筑也要这样,不能焕然一新。"

日本的大平正芳说:"幽默:可以说是能给人以微妙感的调剂生活的佐料。由于某种轻巧的幽默,就可以使当时的气氛为之转变,使陷于僵局的悬案豁然解决。"

有些人,不管在什么场合都能立马成为主角,闪烁在耀眼的聚光灯下,那么他们是怎么做到的呢?其中一个最重要的品质就是幽默感。具有幽默感的人一般性格开朗、为人乐观、处事圆滑,能在最短的时间内与周围的人打成一片,建立良好的人际关系。无论多么枯燥乏味的话题,有他的加入都能够变得生动;多么无聊的聚会有他的加入都可以变得热闹非凡;无论多么剑拔弩张的谈判因为他的加入都能在"讨价还价"之后握手言和。这样的人,有谁会不喜欢呢?

适当的幽默是生活和工作的调味剂，能够化解不利因素，化被动为主动，能够为生活和工作添加色彩；是人际交往的润滑剂，能够消融人与人之间的心理敌意，让无论是熟识还是陌生的人都能够愉快相处。不可否认的是，在具有幽默感的人和整天只知道摆一张扑克脸毫无趣味感的人之间选择，人们更希望和有幽默感的人相处，可见幽默感不仅是一个人生活情趣的体现，也是一个人个人修养和人格魅力的体现。

幽默还可以让谈话中出现的不快消融，改变交谈双方的心态，摆脱尴尬的局面。所以我们应该多积累，在适当的场合，恰当地加一些幽默的语言让交谈的氛围更加融洽，达到交际的目的。

幽默不是你想幽，想幽就能幽

著名的爱尔兰剧作家萧伯纳在说到幽默的作用时，给予了很高的评价："没有幽默感的语言是篇公文，没有幽默感的人是尊雕像，没有幽默感的家庭是间旅店，而没有幽默感的社会是不可想象的。"

有些人不能完全地理解幽默的含义，以为幽默就是滑稽，就是肆无忌惮地开玩笑，其实从根本上讲幽默和滑稽有着本质的区别，正如 George Bunus 所说："使你发笑的人，滑稽。使你想了一想笑的人，幽默。"幽默是一种境界，是一种机智的思维，是一种气质，有助于消除敌意，缓解摩擦，防止矛盾升级。而滑稽虽然也是人们能言善辩、言辞流利的表现，但是态度不够严肃。

幽默是语言交流的重要工具，具有幽默感的人在日常生活中都具有很好的人缘。因为他可以利用幽默的魅力在最短的时间内缩短人际交往的距离，赢得对方的好感和信赖。而缺乏幽默感的人，会在一定程度上影响交往，也会使自己在别人心目中的形象大打折扣。对于那些需要时刻面对公众的人而言，幽默的言语更加重要，如娱乐节目的主持人可以通过幽默的言语调动台下观众的情绪，让现场气氛活跃；可以利用幽默的语言探视嘉宾的秘密，即使触到雷区也可以安全为自己解围，在不露痕迹下提高节目的收视率。

幽默和智慧是孪生兄弟，想要挥洒自如地运用幽默的魔力，必须具备机智的头脑、敏捷的思维。如果机智在幽默中是以理性的形式出现的，那么幽默也就具有了智慧的光芒，成了睿智的另一种表现形式。

世界著名剧作家莎士比亚是非常有天分的演员，一次，他在某剧中扮演国王，演出即将结束时，英国女王伊丽莎白走到台上慰问演员。在回以观众的礼节之后，她微笑着走向演员并对他们致礼，可是轮到莎士比亚时，他还沉浸在角色中不能自拔，自顾自地念着最后几句台词，所以没有留意到台上发生的变化。伊丽莎白见莎士比亚没有理她只好向台侧的其他演员走去，并一直以眼神示意莎士比亚，希望他能够回应自己，可是莎士比亚仍然全身心地沉浸在角色中对周围的一切毫无察觉。

于是伊丽莎白在下台之前，再次走到莎士比亚的面前并有意将手套丢在他面前，然后姗姗沿舞台而下。莎士比亚从角色中回过神来，马上明白发生了什么，于是弯腰捡起手套，说："即使我现在有重要事情需要马上离开，但是我还是要亲自给我亲爱的妹妹捡起手套。"舞台告白和动作浑然天成，自然地和之前的剧情融合在了一起。伊丽莎白一扫之前的尴尬，喜形于色。

莎士比亚曾经说过："幽默和风趣是智慧地闪现。"在上面的故事中，他用实际行动证明了自己的看法，融情于景，用幽默的方式扭转了尴尬的局面。可见，幽默可以在危机的时候帮助我们化险为夷、在逆境中出现柳暗花明又一村、在失利时减少损失。

从前有个剃头匠,他每月都到宰相府帮宰相理发。有一次,剃头匠帮宰相修脸修到一半时,不慎把宰相的眉毛给剃掉了。他惊恐不已,生怕宰相怪罪。

此时,剃头匠急中生智,连忙停下剃刀,故意两眼直愣愣地看着宰相的肚皮,并且摆出疑惑不解的样子。宰相见他这样,感到莫名其妙,便问:"为什么你不修脸,却光看我的肚皮?"

理发师赶忙解释道:"人们常说'宰相肚里能撑船',我看大人的肚皮不大,怎么能撑船呢?"

宰相一听,哈哈大笑:"那句话是说宰相的度量大,对于一些小事情都能容忍,从不计较。"

剃头匠一听,连忙跪在地上,声泪俱下地说:"小的该死,方才修面时,不小心将相爷的眉毛给刮掉了!还望相爷度量大,千万恕罪。"

宰相听后,气急败坏,眉毛给剃掉了,今后怎么见人?正当宰相要发怒时,随即又冷静一想,他自己刚讲过宰相度量最大,怎能为这点小事而处罚剃头匠呢?于是,宰相只好装作豁达温和地说:"无妨,去把笔拿来,帮我把眉毛画上就是了。"

多聪明的剃头匠啊!明明是自己不小心把宰相的眉毛给剃掉了,却拿着"宰相肚里能撑船"这个俗语堵住了宰相的嘴巴,不但没有获罪,反而让人不由得夸起他的聪明来。

著名幽默家克瑞格·威尔森曾经说过:"在我的成长过程中,幽默是生活中的七彩阳光,没有它,就没有我五彩缤纷的童年,也没有我充满欢声笑语、幸福无限的家庭。"幽默感是一个人最高贵的品质之一,是一个人人生最高的境界。同有幽默感的人相处,你会感到他身上散发出来的智慧。

幽默要以现实生活为基础,是对生活洞察后的总结,所以它可以既有成功的、含蓄的喜悦,也可以有失败的、委婉的伤悲。幽默具有亦庄亦谐、自然、轻松、绝不矫揉造作等特性,它没有滑稽的轻浮,也没有严肃语气的浓郁道学气,可以适应于不同的场合,成为人们交际的助力。

教你几招幽默技巧

在社交中,人们更乐意在愉快的氛围中与你交谈。幽默是制造欢乐氛围的调节器,让你不论在任何场合都能够掌控局面。在不同状况下用幽默的搞笑手法将话语权牢牢掌握在自己手里的人都会是社交场合的活跃人物。

幽默也是有章可循的,只要你掌握了这些技巧,在适当的时机运用幽默会帮你达到社交的目的。

1. 调侃对方

在社交中,和相熟的人无拘无束地调侃会让交谈双方的关系显得更加亲密,当然这里的无拘无束并不是随心所欲,而是要不带偏见、没有恶意地相互开玩笑,在毫无芥蒂的情况下让谈吐变得诙谐。

2. 贬低自己

有时候,自我贬低、自我解嘲也是社交中的一大实用战术。这种方式最适合那些有自信而又能够熟练地掌控交谈主动权的人,他们采用这种方式的主要目的是要达到欲扬先抑、欲擒先纵的效果,在博大家一笑的同时抬高自己的身份,而且这种恰到好处的自贬行为既可以活跃气氛,又可以让人觉得你没有架子从而获得他人的好感。

台湾主持人凌峰在 1990 年春节联欢晚会上有段精彩的独白就是贬低自己从而获得观众好感的最佳例子：

"在下凌峰，我和文章（台湾歌星）不一样，虽然我们都得过金钟奖和最佳男影星称号，但是，我是以长得难看出名的（掌声）。两年多来，我们大江南北走了一趟，男观众对我印象特别好，他们在我面前觉得有优越感，因为本人这个样子对他们没有构成什么威胁，他们放心（观众大笑）。本人的脸长得很中国（掌声笑声）。中国 5000 年的沧桑和苦难全都写在我的脸上（掌声笑声）。一般说来女观众对我印象不太良好：有的女观众对我的长相已经到了忍无可忍的地步（笑声），他们认为我是人比黄花瘦，脸比煤球黑。但是我要特别声明：这不是本人的过错，实在是家父家母的错误，当初并没有征得我的同意就把我生成这个样子（掌声笑声）。但是，时代在变，潮流在变，审美的观念在变。如果你仔细归纳一下，你会发现，现在的男人基本分为三种：第一种，你看上去很漂亮，看久了也就那么回事，这一种就像我的好朋友刘文正这种；第二种，你看上去很难看，看久了以后越看越难看，这种就像我的好朋友陈佩斯这种；第三种，你看上去很难看，看久了以后你会发现，他另有一种男人的味道，这种就是在下我这种（掌声笑声）。好，鼓掌的都表示同意了——鼓掌的都是一些长得和我差不多的（笑），真是物以类聚、人以群分啊！接下来按规矩迎接挑战，带来一首歌曲《小丑》。在我的人生观看来，我认为每个人都扮演过许多次小丑：有时候在爱人面前，有时候在领导面前，有时候在孩子面前，有时候在父母面前。我是在鼓掌面前，给大家带来一首《小丑》——掌声有没有就无所谓啦！（笑声掌声）

通过自我调侃的方式转移了大家的眼光，是一种极为聪明的"脱身术"。在日常生活中，把自己当成幽默的"靶子"，不仅可以传递信息、表达观点，还可以避免很多不愿意正视的事情。

一位叫海伍德·布洛思的人曾把自己 40 年来的全部积蓄投资到股票市场，最终却在 1929 年的经济危机中一分不剩。听到这个噩耗的时候，他最先做的事不是悲痛欲绝、放声大哭，而是淡定地说："来得快的东西，去得同样也快。"很明显，他这是一种自嘲的行为。

在《幽默的人生》中，美国的赫伯·特鲁曾明确表示，自我解嘲是最高层次的幽默。而在现实生活中，自己"骂"自己，最后的结果往往是妙趣横生、引人深思。而且，如果你在与他人沟通时有一些难以启齿的话，就可以用此方法来为自己开脱。适时自我调侃，能营造和谐、愉快的交谈气氛，既能让自己更加洒脱自然，又能充分地体现你的可爱和人情味，从而让人对你的看法改观。

总而言之，在人际交往时，自嘲的作用不可小觑。很多时候，我们遇到一些始料不及的事情时可以试着拿自己开开玩笑，"骂"自己肯定是不会出错的吧？只要你没有指桑骂槐，一般情况下不会有人不喜欢。另外，请记住，生活中的智者坚定不移的原则就是：如果你想笑别人，那就先笑自己。

3. 制造话题漏洞

人们谈话时总希望能够严谨，只有这样才不会让对方抓住漏洞从而反击，却不知道有时候话题漏洞也可以帮助你吸引对方的注意力，全神贯注地听你说话。但是当你将之前的漏洞补齐时,人们会因为之前的紧张变成虚惊一场而开怀一笑。

林肯深受美国人民的爱戴,但是他也有缺点,就是长相普通,于是政敌将这点作为了攻击他的手段。但是林肯没有因此而感到尴尬,反而利用它拉近了与民众之间的距离。一次,林肯的政敌说林肯是两面派。林肯以平和的态度说:"现在,让民众评评看,要是我有另一副面孔的话,我还会戴着这副难看的面孔吗?"

4. 善用修辞,含蓄委婉

有时候我们会碰到需要发表意见、但是又不好直接说的情况,为了避免误解或者尴尬,委婉地暗示就是很好的方法,而且这种委婉不同于修辞里的委婉修辞方法,委婉暗示其中有两种含义,一是引申的含义,一是本身的含义,言在此而意在彼,形成一种幽默的语言艺术。

王麻子脸皮厚爱占小便宜,常常到相熟的人家蹭吃蹭喝,一连在同一家吃住两三天都是常有的事情,主人顾忌面子也不好直接撵人。

一次,他又连续在一个朋友家住了三天了,每天就盯着人家做吃的,吃完上顿就开始惦记下顿。当他再次问主人"晚饭吃什么"后,主人略略思考了一下之后笑着回答:"麻雀全席。"

"哪里去弄那么多的麻雀啊?你有办法捕到?"王麻子问。

主人说:"这个太容易了,将麻雀爱吃的稻谷撒在晒场上,等麻雀来吃的时候,我们用石碾一碾就可以了。"

王麻子赶紧摇头道:"不行,这根本行不通,还没有等石碾过去,它们早吓跑了,次数多了它们就不会上当了。"

主人笑着说:"没有关系的,麻雀爱占便宜,只要有好吃的怎么碾(撵)也碾(撵)不走。"

主人一语双关,用暗示性的话提醒王麻子不要老是爱占便宜,该走了,这样既避免了冲突和敌意又达到了要表达的目的。

5. 逻辑推理,以理服人

有时候用自己熟悉的领域或者是知识进行推理还击对方,会更轻松。

例如,有一位作家对厨师说:"你没从事过写作,没有权利对我的作品评头论足。"厨师面对作家的质疑,不慌不忙道:"我不会下蛋,可是我能尝出炒鸡蛋的味道如何,母鸡能吗?"

厨师用自己熟悉的领域进行逻辑推理,将作家没有写过作品不能评价的论点用不会生蛋但是知道鸡蛋的味道反驳,既阐明了道理,又让作家哑口无言,自食其果。

6. 使用歇后语

歇后语是中国汉族劳动人民在生活实践中创造的一种特殊语言形式,是一种短小、风趣、形象的语句,通常由两部分组成:前一部分是引子后一部分才是要表达的意思,十分自然贴切。在一定的语言环境中,通常只需要说前半截即可。所以这种幽默而轻巧的表达技巧常被运用于谈话中以活跃气氛。如当朋友拜托你完成一些你很难完成的事情时,你可以说,老兄您这是给我鼻孔里灌米汤——够呛(够受的)。

凡能够成大事者,都是口吐方圆的能手,能够在与人交往中让对方在不知不觉中接受自己的观点。幽默就是他们很常用的一种方式。不论出现何种情况，或者在何种场合之下，都能让对方真正地收获到快乐，给对方留下好的的印象。

玩笑有度，物极必反

凡事都要有个度，俗话说"物极必反"，过度的幽默就不叫幽默了。变质的幽默不仅让人笑不起来，还可能伤害别人，成为人与人之间矛盾的导火索。

有个老师在他的日记中讲到了这样一个故事：

那是一节英语课。课上，我发现李磊的头发还没剪。他额前的头发故意留了两绺儿，比较长。前两天我已经提醒他要剪掉，结果今天上课一看，那两绺儿头发还弯弯曲曲地躺在额前。于是，我思考着如何能让他在轻松的氛围下理解我的用意，回家把头发剪了。我马上想到了幽他一默。

于是我叫他回答问题，答完后我说："以后李磊出去可丢不了了，因为我们看到他额前那两绺儿头发，就能把他认出来！咱班同学太有特点了！"话音一落，全班同学哄堂大笑，还有同学接话说："老师，他还说自己是叶烁（新流行的偶像剧中帅气的男主角）呢！"我答道："我看怎么像小沈阳呢？"说完，同学们又是一阵哄笑，边笑边把目光投向李磊。

我又接着讲课了，但是李磊像是受了什么奇耻大辱似的默不作声，还用手一直捂住前额，把头埋得很低，很低。我感觉到不对劲，不一会儿又叫他回答了一个问题。我继续调侃道："李磊不好意思了吧，来回答个问题吧！"他站起来匆匆回答完后，又匆匆坐了下去。在这一过程中，他的手一直捂着前额。放学的铃声一响起，他简单收拾了书包，连队都没站就不见了踪影。我预感到，我可能伤害了他。

回到办公室，我的心久久不能平静，怎么会这样呢？我只是想跟学生开个玩笑，我只是想换一种幽默的方式提醒他改进，怎么会伤害了他呢？或许我的幽默过了头？或许我没有考虑到他性格中内向脆弱的一面？总之，一定是我错了！

我坐立不安，马上给他家打了电话。接电话的是他妈妈，他还没有到家，我嘱咐她让孩子到家给我回个电话。

半小时后，电话响起，电话那头很沉默。

"生老师的气了吗？"我问。

"嗯！"他低沉而坚定地回答。

"为什么呢？"

"因为我就受不了别人侮辱我！"

我很震惊，原来我自认为的幽默居然让他感到受了侮辱！

"你认为老师跟你开玩笑是善意的还是恶意的？"

"恶意的！"他依然坚定。

我一时语塞，不知说什么好。

在接下来的谈话中，我尽全力去解释我并无恶意，而且承诺：我会在全班同学面前给他道歉，以挽回他的尊严！他终于轻松了许多。

这便是幽默过度的事例。老师本是出于好意提醒这位同学，不想因为玩笑开得有些过分了，对学生的心理产生了不小的影响。所以说幽默一定要适可而止，不然便会适得其反。

我们在幽默的时候应当注意哪些问题呢？

总的来说，我们应该注意三个问题：

首先，不要进行人身攻击。一定不要抓住对方的身体缺陷进行调侃，比如残疾人。这样的行为只会招来对方的反感和旁观者的厌恶，这种无情地揭别人伤疤的行为，只是把自己的快乐建立在别人的痛苦上。一些小品固然好笑，但是也因为调侃弱势群体而遭到许多非议。

其次，不能冷嘲热讽。不管是否出于好心，冷嘲热讽的言语都会被别人理解为恶意的攻击，只会让你陷入百口莫辩的境地，就像上面例子里的老师一样。

最后，要对自己的幽默所造成的结果有预见性。比如捉弄别人的恶作剧就不可能产生好的结果，反而对别人造成的伤害会很大。

上面说到了三个比较大的方面，下面是总结出来的一些幽默时应该注意的小细节：

1. 幽默的时候一定要分情况，分场合

有些幽默只在特定的场合下才能起作用。放到其他的地方则很有可能会造成不小的误会。比如某知名歌手的"抗日言论"便属于这一种。

在一个节目的某个环节中，主持人说到抗日战争整整打了八年。没想到这时候这个歌手突然冒出一句："才八年而已啊。"就是这一句话，让这个歌手备受网友批评。也许这个歌手只是为了节目效果需要习惯性地否定主持人而已。但是这种时候拿这种事来开玩笑，不仅是对先烈们的不尊重，还伤害了许多人的民族感情。虽然这个歌手在后来也对自己的言论多次道歉，但是效果甚微，没有人愿意原谅这样无知的玩笑。

2. 开玩笑的时候避免伤害别人

开玩笑的时候，只要在场的人中有一个因为你的幽默而受到伤害，那么你的幽默就可以认定是失败的。

记得有次在同学聚会的时候，有位同学开了个玩笑。他说道："有两个精神病，一个穿红衣服，一个穿绿衣服，从医院里逃出来。两人逃到了一棵树上。不一会儿，穿红衣服的人从树上跳下来。他对着还没有下来的同伴说：'你怎么还不下来呢？'只听那人说：'我还没熟呢！'"虽然大多数同学都哈哈大笑起来，但是却有一位同学低下了头。原因很简单，因为他家有一个精神病患者。

那位同学当时的感受大家可想而知，虽然无意嘲笑，但嘲笑的效果已经产生了。所以说在开玩笑之前要尽量避免伤害到在场的任何人，即使无意的也不行。

3. 不要嘲笑别人的长相

长相这东西是与生俱来的，不是个人可以左右的。所以你自嘲自己的长相没有关系，还会让别人看到你的豁达，但是千万不要去嘲笑别人的长相。"爱美之心，人皆有之"，尤其是对于女性朋友来说，最不能忍受的就是别人拿自己的长相开玩笑。相反，对于别人的长相，我们都应以赞美为主。

4. 机会稍纵即逝，幽默也要抓住时机

有时候听别人说话时，恰巧有一句话可以让你发挥一下幽默的才华，这时候你便要赶紧出手，不然等到大家聊到别的话题上，你有力也使不上了。如果你还强硬地把幽默丢出去，不仅效果不好，别人还会觉得你反应迟钝，之前的话题，怎么现在才说。

比如有位朋友说："昨天真是倒霉，去公厕上厕所，没有看见正在清理的牌子，结果上到一半几位女清洁工跑了进来，尴尬极了。"这时你适时地来一句"你当时肯定后悔自己怎么不是属鼠的吧，不然钻出去就可以了"一定可以让气氛热烈起来。倘若你没有抓住时机，太晚再说出这些话，大家只会有丈二和尚摸不着头脑的感觉。

第五章 巧言妙语,和谁都能聊得来

从学"称赞女人"开始

称赞女人的时候,大家可能都会认为先从外貌开始比较快捷。但问题是一旦你碰到相貌平平的女性怎么办?

众所周知,每个女人都有自己的特质,都有着别的女性所没有的特征,包括生活经历、家庭环境、教育层次、性情气质等。因而,每个女人所关心的内容和重点也不一样。面对不同的女性,我们需要从不同的角度对其称赞和夸奖。那么,该怎样称赞不漂亮的女性呢?

1. 赞美女性的修养和气质

对于相貌平平的女性,我们要从她的修养上找话题,比如说她从不大笑,说话从不大声等。

下面是一些实例:

对一个不爱说话的女孩说:"你是我们这里最文静的女孩。"

对一个总爱说话的女孩说:"你是我们这里最活泼可爱的女孩。"

对一个不化妆的女孩说:"我从来不喜欢那些化妆化得很浓的女孩,你瞧那样多俗气!"

对一个爱化妆的女孩就有必要改变方式:"会化妆就是不一样,看来你的审美情趣挺不一般。你一定学过美容吧?"

对一个唱歌唱得很好的女孩说:"听你的歌简直就是一种享受。"

2. 赞美女性的细腻和善解人意

女人凭借其细腻的心思可以了解男人的心理活动,甚至对那些深层的、难以觉察的需要也能做出准确的反应。善解人意,是女人征服男人的技巧与本能,使男人感到呵护与温暖。下面是一些实例:

对一个爱哭的女孩说:"像林黛玉一样多愁善感,你肯定是一个善良温柔的女孩。"

对一个不爱哭的女孩说:"你一定非常坚强。我看你办事非常有主见,从不像别的女性那样婆婆妈妈。"

对一个爱干净的女孩说:"真是女人味十足。看,多讲究!将来一定是贤妻良母。"

对一个孝顺的女孩说:"我的母亲总是夸奖你。我的姐姐也和你一样。"

对一个经过介绍认识的女性说:"别人都说你很容易接近,我看是他们都想和你接近。"

3. 赞美女性的工作能力和事业心

现代社会,女性参与社会建设的意识越来越强。而且,通过调查发现,愈是相貌平平的女性,在这方面的意识愈是强烈。对于那些有事业心、从来不愿意为男人活着的女性,如果你夸奖她们的工作能力、审美水平、学识修养,一定能打动她们的芳心。

下面是一些实例:

对一个会做饭的女性说:"谁和你交朋友,算谁有福气。什么都会,而且工作也是好样的。"

对一个刚刚和上司提过意见的女性说:"你的意见是我们大家的意

见。我很欣赏你的勇气。"

面对一位身穿白衣的护士说:"现在你是穿着白衣的天使,下班后你仍是天使。"

对一个崇拜知识的女性说:"我最近发表的那篇文章,还是受了你的启发才写成的。为了感谢你给我的灵感,我今天特意来请你吃饭。"

对一个学历较高的女性说:"一般来说,在大学里很难找到漂亮的女孩。这可能是由于她们在中学里比较容易被男同学打扰。请你谈谈你的诀窍。"

4. 尽量赞美女性的内在美

赞美是出自内心的喜欢与欣赏,并非迎合或违心阿谀。因此真心赞美,除了外在的称赞之外,不妨赞美她的内在美。

你如果对一个女性说:"你的眼睛像星星那样明亮,像泉水那般清澈。"不如说:"你的举止高雅,谈吐中肯。对了,你是如何充实自己的呢?"后面这种赞美会使对方更加喜悦。

想说服他，就夸他

要想顺利说服对方，保证达到谈话的目的，应该学会从称赞和让对方感到满足着手。

用巧妙的赞美来满足对方的自豪感，让别人坐下来真诚地与你交谈，你的目的便达到了一半，成功就唾手可得了。

比恩·崔西是美国的一位图书推销高手，他曾经说："我能让任何人买我的图书。"他推销图书的秘诀便是：赞美顾客。

一天，崔西到某家公司推销图书，办公室里的员工选了很多书，正准备付钱，忽然进来一个人，大声道："这些跟垃圾似的书到处都有，要它们干什么？"

崔西正准备向他露一个笑脸，他接着一句话冲了过来："你别给我推销，我肯定不会要，我保证不会要。"

"您说得很对，您怎么会要这些书呢？明眼人一下子就能看出来，您是读了很多书的，很有文化素养，很有气质，要是您有弟弟或者妹妹，他们一定会以您为荣为傲，一定会很尊重您的。"崔西微笑着，不紧不慢地说。

"你怎么知道我有弟弟妹妹？"那位先生有点兴趣了。

崔西回答:"当我看到您,您给我的感觉就有一种大哥的风范,我想,谁要是有您这样的哥哥,谁就是上帝最眷顾的人!"

接下来,那位先生一直以大哥教导小弟的语气跟崔西交谈着,崔西像对大哥那样尊敬地赞美着,两人聊了十多分钟。最后,那位先生以支持崔西这位兄弟工作为由,为他自己的亲弟弟选购了五套书。

崔西在当天的日记中写道:"其实,我心里很明白,只要能够跟我的顾客聊上三分钟,他不买我的图书,那是不可能的。因为,无论做人还是做事,要改变一个人的想法,最有效的方式是,传递赞美,转移情绪。"

同时,他也写下了一条人性定律:"人是感性左右理性的动物。若一个人的感性被真正调动了,那么,他想拒绝你,比接受你还要难。而要想迅速控制一个人的感性,最有效和快捷的方法就是恰如其分的赞美。"

那么,要做到从容自如地赞美别人,要依靠哪些相关技巧呢?

1. 赞美,要善于找到对方的亮点

当我们到朋友家里做客时,看到客厅墙上有一幅山水画,我们往往会情不自禁地赞许道:"这幅画真不错,给这客厅平添了几分神韵,显出了几分雅致,谁买的?眼力可真好!"

也许,这句话只是我们不经意间随便说出来的,但我们的朋友会感到很欣慰。

2. 赞美,要挠到对方的"痒处"

当我们的赞美正合对方心意时,会加倍成就他们的自信。这的确是感化人的有效方法。换句话说,能挠到对方的"痒处"的赞美,作用最大。

怎么发现别人的"痒处"呢?

日本顶尖业务员齐藤竹之助说:"想轻易地发现每个人身上最普遍的弱点,是很简单的事情,因为只要你留心他们最爱谈的话题便可以知道。因为言为心声,心中最希望的,也就是他们嘴里谈得最多的。你就在这些地方去挠他们,一定能挠到他们的'痒处'。"

例如,对于一位非常漂亮的女士,我们要避免对她容貌的绝色进行赞美,因为她对这一点已经有绝对的自信。但是,当我们转而去称赞她的智慧时,而她的智慧恰巧不如其他人时,那么我们的称赞,一定会令她芳心大悦。

赞美有"借口"

真诚的赞美是使人快乐的原动力。人人都希望得到别人的肯定和承认，因为别人的赞扬是自我价值实现的体现。人们正是在别人的赞美声中认识到了自己存在的价值，获得社会满足感。人在婴儿时期，从父母的点头、微笑、拍手、抚摸等赞美性的动作中获得满足。成人以后，更多的是在别人、在社会舆论的赞许声中获得强烈的成就感。在社会心理学上，这被称为"社会赞美动机"。没有赞美，人们会变得脆弱，容易受到各种不良思维的影响甚至侵扰；没有赞美，人的精神免疫系统就会停止运作。

其实，每一个人都有他的优点和长处，这些优点和长处正是个人存在价值的生动体现。人们一般都希望他人能看到和肯定自己的优点和长处，从而肯定自己的价值。因此，诚恳的赞美之声，总是能够赢得对方的欢心，同时也为自己打开交谈局面创造了良好的气氛。

丘吉尔曾说："你想要别人有怎样的优点，那你就怎样去赞美他吧！"这话很有道理。因为在人和人的交往中，适当的赞美能束缚对方的缺点，引其向善。比如，对方本来具有优柔寡断的缺点，若听你称赞他很果断，那么他就可能鼓足勇气向自己的缺点挑战，努力朝你赞许的方向去努力。

在现实生活中人们总是抱怨找不到赞美的"借口"，其实只是他们不善于发现罢了。其实在人类身上，值得赞扬的地方很多，且不说优秀的、杰出的人物身上有许多闪光点，即使是普通人，也有许多优秀品质、优良品格值得我们去赞美。那么，赞美有什么技巧呢？

1. 背后赞美人

大多数人受到别人的赞美时，绝不会感到厌恶，除非对方说得太离谱，即使明知对方讲的是奉承话，心里还是免不了会沾沾自喜，这是人性的弱点。

赞美别人是一种学问，其中有无穷的奥妙和魅力，当然，最有效的赞美方法是在背后赞美他人。

《红楼梦》中有这么一段描写：史湘云、薛宝钗劝贾宝玉做官为宦，贾宝玉听后大为反感，于是当着史湘云、薛宝钗和袭人等人的面赞美林黛玉说："林姑娘从来说过这些混账话不曾？要是他也说过这些混账话，我早和他生分了。"

凑巧黛玉走到窗下，无意中听到了贾宝玉这一番话，"不觉又惊又喜，又悲又叹"。结果宝黛两人互诉肺腑，感情大增。

在林黛玉看来，宝玉当着史湘云和薛宝钗的面赞美自己，而且不知道自己会听到，这证明他是真诚的。倘若宝玉当着黛玉的面说这番话，好猜疑、使小性子的林黛玉可能就会认为宝玉是在打趣她或想讨好她。

背后说别人的好话，远比当面恭维别人效果要好得多。因为在背后赞扬别人，能极大地表现出说话者的真诚，有事半功倍之效。

2. "夸屋及乌"

"爱屋及乌"这个成语，意思是因喜爱房舍而连带喜爱在屋檐筑巢的乌鸦。我们常常用其比喻，喜爱一个人便喜爱与他有关的一切事物。

同样地，我们要夸奖一个人时，也可以绕过他本人，去夸奖他喜爱的事物。比如，你如果想与一位带着孩子的母亲亲近的话，最好的办法就是去夸奖她的孩子长得漂亮、可爱。听到你对她孩子的赞美，那位母亲一定会很愉快地与你攀谈。如果你想从她那里打听些事情，也一定会得到最详尽的回答。

据说有一位只会讲英文的美国女孩，竟游览了地球上半数的国家，奥秘何在？原来，她的秘密武器就是灵活地运用了"夸屋及乌"的赞美法。譬如说，当她见到一位牵着小狗的老太太时，会指着小狗说"多么温驯可爱的小狗"；遇上抱小孩的母亲时说"您的小孩真可爱"；若是夫妇俩，她则说"先生，您的太太真迷人"。于是，这些受到夸奖的人会很亲切地与她交谈，她根本无须担心迷路的问题，那些人甚至会送她到著名的观光景点去。就这样，她顺利地游览了大半个世界。

其实，你真要去夸奖一个人并让对方高兴，是毫不费力气的。如对于女性，你大到可以夸奖她的气质、才干、容貌、身材，小到可以夸奖她的头发、眼睛、鼻子、牙齿、嘴唇、芊芊玉手、修长双腿，甚至一个别针、发卡；也可以"夸屋及乌"到她的丈夫、孩子，还有房间布置、衣着、阳台，等等。

3. 遇物加钱与逢人减岁

在日常生活中，有一些赞美他人非常简单但又非常实用的技巧，如果能够经常恰当地使用这些技巧，一定会为你建立融洽的人际关系增色不少。

如，老百姓常用的"遇物加钱"与"逢人减岁"。

"遇物加钱"与"逢人减岁"是在语言交际过程中，针对人们的普遍心理而采用的投其所好和讨人喜欢的说话技巧。

（1）遇物加钱

买东西是我们日常生活中再平常不过的一种行为。人们购物时普遍会存在这样的心理，用"廉价"购得"美物"。但是，通常只有那些善于购物的精明人才能做到这一点，大多数购物者都不一定善于购物，但是他们还是希望自己的购物能力能够获得别人的认可。

所以，当我们花了50元购买的一件物品，被别人误以为只需30元时，往往会有一种失落感，觉得自己不会买东西。相反，当我们花30元买的东西，别人误认为需要50元时，我们又往往会有一种兴奋感。正是这种购物心态的存在，让"遇物加钱"这种说话技巧有了用武之地。

"遇物加钱"这个方法很能讨对方欢心，操作起来也很简单，但是有一个前提，你要大概了解商品的价格，不能过于高估，否则收不到好的效果。

（2）逢人减岁

人们都希望自己可以永远年轻，所以成年人对自己的年龄非常敏感。出于成年人普遍存在的这种怕老心理，"逢人减岁"这种说话技巧便有了"市场"。

这种技巧的特征在于把对方的年龄尽量往小了说，从而让对方在心理上觉得自己很年轻，保养有方等，进而产生满足感。举个例子，你对一位30多岁的女士说她看上去只有20多岁，对一位60多岁的女士说，她看上去只有四五十岁，这种"美丽的错误"会让对方对你产生好感，形成心理上的认同。

当然，我们应该特别注意的是，"逢人减岁"这种技巧通常只适用于成年人，尤其是中老年人。假如面对的是幼儿或少年，我们用"逢人添岁"（即把对方的年龄往大了说）的技巧效果才会好，因为他们往往渴望长大。

总之，我们这里所说的"遇物加钱，逢人减岁"，说白了就是投其所好。当然，我们的出发点是光明正大的，这种"投其所好"，无论是对自己、对他人还是对社会，都是没有害处的。对于这样的"美丽的错误"与"无害的阴谋"，我们多说一些又有何妨呢？

4. 从细小处赞美

要赞美，就必须找到可赞美之处。而要找到可赞美之处，就要用眼睛去发现、去挖掘生活中的细小处，这也是我们能够在最短时间内获得别人好感，最该使用的一种赞美技巧。

1960年，法国总统戴高乐访问美国。在副总统尼克松为他举行的宴会上，尼克松夫人费了很大的心思，布置了一个很漂亮的鲜花展台，在一张马蹄形的桌子中央，鲜艳夺目的热带鲜花衬托着一个精致的喷泉。

精明的戴高乐总统一眼就看出来，这是女主人为了迎接他的到来而精心设计制作的，不禁脱口称赞道："夫人为举行这次宴会，一定花了很多时间来进行布置吧！"

尼克松夫人听后十分高兴。事后，她对朋友说："大多数来访的大人物，要么不加注意，要么不屑于向女主人道谢，而他却总是能想到别人。"

赞美不仅要讲究技巧，并且在运用技巧的时候还要注意一些原则，否则不但达不到自己的目的，反而会引起别人的反感。

（1）赞美的话要坦诚得体，必须说中对方的长处

赞美的首要条件，要有一份诚挚的心意及认真的态度。赞美不要太离谱，这样别人会觉得你太虚伪。

言辞能反映出一个人的内心世界，轻率的说话态度，会让对方产生不快的感觉。初次见面，适当地恭维人家是有礼貌、有教养的表现，不仅可以获得好感，而且还可以和对方在心理上靠拢，拉近彼此之间的距离。

1987年4月底，在《红楼梦》中饰演贾宝玉的欧阳奋强到香港参加该剧的首映式。欧阳奋强刚踏进机场休息室，亚洲电视台著名演员方国姗就挤到他身边，热情地说："你是欧阳奋强吗？我叫方国姗。他们都说我长得像你。"

"方小姐比我长得漂亮多了。"欧阳奋强说。亚视艺员领班高先生风趣地说："方小姐可是香港的贾宝玉呀。"

这番相互赞美的话十分自然贴切，使迎接的气氛融洽而和谐。

（2）重点捧对方那些你特别需要的能力

当一个人很有兴趣地谈到他的专长，他所取得的成绩或他所开展某项业务的辉煌时，你适时地提出与之相关的要求，在这样的时刻，他拒绝你的可能性最小，你的要求得到满足的成功率最大，这条秘籍是经过心理学家及社会学家证实的。当你有求于人时，就去赞美他，营造一个合适的氛围，使你的需求最大可能地得到满足。

宋义是研究所的高级工程师，和妻子两地分居10多年了，钱花了不少，礼也送了不少，可妻子就是调不过来。

这件事搞得宋义精疲力竭，但又无可奈何。此时，在他妻子调动过程中起关键作用的某局又换局长了，新上任的局长是从外地调来的。宋义听说这位局长能急人之所急，为群众办实事，所以想去试试。但是在去之前，他先了解了这位局长帮助他人的几个例子。

他一开始没谈自己此行的目的，先是捧局长，列举出他比较突出的政绩，称赞他是真正为人民做实事的公仆。局长也很谦虚，说："哪里，哪里，他们的确有困难，有的已经分居好几年了，就是调不到一起，我只是做了我应该做的事。"

到了这个关口，宋义顺势说出了自己的困难："局长，我也有点小事需要麻烦您。我和妻子两地分居已经10多年了，一直没能解决，本来已经不抱希望了，可是您调来了，务必请您帮帮忙。"

接着宋义介绍了一下自己的情况，局长让他回去静候佳音。果然，不久之后，一纸调令到手，宋义全家团聚。

在这个事例中，宋义因为有求于局长，所以对其赞美，使局长喜笑颜开，轻松地解决了自己长期悬而未决的问题。相比较那些只知道诉苦、激发他人的同情心以求得帮助的人，这种方法更加事半功倍。

（3）实事求是，措辞适当

实事求是是指赞扬应以事实为依据，这是与"阿谀奉承"有本质区别的。"阿谀奉承"是出自主观的愿望，是为了一己之私，有着明显的巴结奉承意味，即俗话所说的"拍马屁"。而真诚的赞扬则是建立在客观事实的基础上,是一种真情的流露,旨在使人快乐,与人进行情感的沟通。此外,真诚的赞扬还要选择适当的措辞,应注意两个方面:一是不要夸张,二是不要过分。

不要夸张,就是说赞扬话应该朴实、自然,不要有任何修饰、夸大的成分。

不要过分,指的是赞扬话要适度,有的话赞扬一次两次、一句两句就足以使对方愉快,如果一味地反复强调也许别人就会怀疑你的动机了。

(4)热诚具体,深入细致

日常交往中经常会听到这样的赞美"你这个人真好""你这篇文章写得真好"等。究竟好在哪些方面,好到什么程度,好的原因又何在,不得而知。这种赞美语显得很空洞,会让别人以为你不过是在客气,在敷衍。

所以,赞美语应尽可能做到热诚具体、深入细致。比如赞扬一个人穿的衣服漂亮,你不妨说:"这件衣服穿在你身上很合身,颜色鲜艳,人显得精神多了。"

美国社会心理学家海伦·H·克林纳德认为,正确的赞美方法是把赞美的内容具体化,其中需要明确3个基本因素:你喜欢的具体行为;这种行为对你的帮助;你对这种帮助的结果有良好感受。有了这3个基本因素,赞美语才不至于笼统空泛,才能使人产生深刻的印象。

赞美"要求"真不少

赞美是人际交往中，成本最低、回报最高的法宝之一。善于言谈的人，一定是擅长美言的人。老子说："美言可以市尊。"意思是说，美好的语言可以获得别人的尊重，所以寻找对方身上的闪光点，适当地赞美，可以赢得对方的好感。

史考伯是美国历史上第一个年薪过百万的管理人员，是美国钢铁公司总经理。记者曾问他："您介意告诉读者，您的老板为什么愿意一年付您超过100万的薪金吗？"史考伯回答："我对钢铁懂得并不多，我最大的本事是我能使员工充满干劲。而鼓舞员工的最好方法，就是表现出最真诚的赞赏和鼓励。"换句话说，史考伯的成功得益于他对员工的赞美。

当然赞美也需要技巧和原则。真诚是赞美的第一要素，只有发自内心的赞美才能彰显出其魅力，达到赞美的效果。当然，那些赞美的内容一定要是对方身上所具有的真实的特性，而且千万不能把对方身上的缺点、不足用来作为赞美点，否则赞美就会招来对方的厌恶，从而产生隔阂。所以在赞美他人时，一定要情真意切，言不由衷的后果只能是让对方觉得你虚伪。

过犹不及，真心的赞美也要掌握尺度，要恰如其分、点到为止。辞藻太过华丽，恭维得过度，只会让人觉得空洞，甚至尴尬。如一起唱卡拉OK时，身边的同事唱完之后，你说："你唱得简直太棒了，无人能及。"对方肯定会觉得尴尬，如果你说："你将这首歌唱出了另外一种韵味，真不错。"同事一定会高兴地接受你的赞美。

当然，赞美还要把握好时机。只有在恰当时机给予的赞美效果才会最佳。所以当你发现对方有值得赞美的地方时，一定要及时地赞美，错过了时机，效果就会大打折扣。

想让赞美事半功倍，就要懂得运用技巧找到赞美点，无论你的赞美对象是初识者还是旧识，是不善言辞者还是能说会道者，只要准确找到赞美点，聊天的氛围一定会是愉快而轻松的。当然这个赞美点可以是外在的穿着打扮（领带、手表、眼镜、鞋子等），也可以是内在的修养（品格、作风、气质、经验、气量、心胸、兴趣爱好、特长、处理问题的能力等），或者是和对方有联系的人或事（籍贯、工作单位、职业、用的物品、养的宠物、邻居、朋友、下级员工、亲戚关系的人）。如果赞美点是对方最得意而别人却不以为然的事，你会更容易获得对方的认同感。

美国第三十届总统卡尔文·柯立芝就是一个善于运用赞美技巧的人。刚上任时，柯立芝聘了一个女秘书协助他。这个女秘书虽然年轻漂亮，但是工作却屡屡出问题，不是在文件中打错字，就是记错了会议或者和受访对象预定的时间，这给柯立芝的工作带来了很多麻烦。

有一天，女秘书一进办公室，柯立芝就夸奖她的衣服搭配得很有韵味，非常适合她的气质。女秘书受宠若惊，要知道总统平时很少夸奖人。柯立芝接着说:"相信你的工作也可以像你的人一样,办得很漂亮。"

果然,女秘书的公文从那天起再也没有出现过错误。一个知道来龙去脉的参议员好奇地问柯立芝:"你这个方法很妙,是怎么想出来的?"

柯立芝微微一笑,说:"这很简单,你看理发师帮客人刮胡子之前,都会先涂上肥皂水,这样做的目的就是让别人不会觉得疼痛,我不过是灵活运用了这个方法而已!"

当然,那些外在的赞美更适合初识者,没有共同的话题、不了解性格爱好,那么"你的领带很特别""这发型真适合你"可以轻易化解无话可说的尴尬场面。而且这种话题不但轻松自然,还可以拉近彼此之间的距离,让对方觉得你是一个容易亲近的人。如果赞美时能够在适当的时机配上恰当的表情,如微笑或轻轻点头,那么会让对方觉得你更有诚意,愿意和你继续交谈。如果赞美的对象是旧识,那么上面的赞美我们可以根据具体的情景适当地选择,当然要谨记一点,尽量选择轻松的话题,那些不愉快的记忆和经历尽量不要提起,以免伤了和气。

谈话结束,要向对方告别时,如果能带着"期待再见"的语气和态度,往往会使对方在离别之后,特别想念你,希望能有机会再和你见面。

人们特别喜欢被身边的人赞美、恭维,所以适时适当地赞美他人能让你轻松达到目的。学会赞美,你将无往而不利。

"花言巧语"易成事

在我们追求社交目标时,我们总是想到要努力创造谈话机会。一旦机会降临,便把握住机会实现自己的社交目标。但是你是否设想过用一种更巧妙的方法呢?这里的巧不是偷工减料无所作为,也不是投机取巧,而是适当的幽默和诙谐,这可以让你更快实现目标。

有位男青年第一次去女友家吃饭,在拜访之前,女友叮嘱了他许多注意事项,希望他能给自己的父母留下好的印象。

这天女友父母准备了丰盛的饭菜款待贵客,大家边吃边聊,气氛十分融洽。女方的父母对男青年也十分满意。男青年吃完第一碗饭,觉得肚子还没饱,便要起身去添饭,但忽然想到女友的交代,便没有起身,想等主人来添。不巧女友和她母亲正在厨房忙活,而未来的丈人正喝到兴头上,话匣子也打开了,只顾拉着他说话,没有留意他的碗已经空了。

男青年一时不知道该怎么办,自己去添,有些失礼;不去添,肚子饿着又不舒服。男青年一时左右为难,有些尴尬。

这时候他突然灵光一闪,想出了个绝妙的方法。他趁着女友父亲说话的空隙插话问道:"伯父,我上次听小婷说你们家打算装修是吗?"

"是啊！"老人家说道，"装是得装，你看现在这房子也旧了，的确是该装修一下，只是……"说到这里，老人突然停住了。

"只是什么？"男青年接着问道。

"现在的装修师傅不好找啊，要是找到做事不认真的师傅，那装了也是白装。"

男青年一听，暗自高兴起来，说道："是啊，装修师傅可一定要请好的，不然做起事来像没有吃饱饭一样可不行啊！"

男青年故意把"饭"字念得很重。女友父亲听到这里，下意识地看了眼他的饭碗，发现男青年的饭碗空了，便明白了他的意思，马上叫女儿来帮他把饭添上。

男青年摆脱了尴尬境地，继续和未来的丈人天南海北地聊着。

这里可以把男青年的目标看作是吃饱。但是种种情况让他身处尴尬境地，如果一味等着，势必饿着不舒服，所以他灵机一动，用这样一个巧妙的方式，使自己脱离了"困境"，达到了添饭以使自己吃饱的目的。

美国有位陆军上校，自幼就一直梦想能进西点军校深造，因为那里是将军的摇篮，有士兵梦寐以求的求学环境。套用拿破仑的一句话就是，"不想当将军的士兵不是好士兵""不进西点军校的军人，不会是好军人"。

这位陆军上校高中毕业那年，正巧遇上经济危机，而西点军校又刚好是免费入学，因此更多人想进这所学校学习。但要挤进这所学校可不容易，非得有权威人士的推荐不可。

然而，这些条件他都不具备。

不过，为了圆自己的梦想，他亲自拜访了几位权威人士，并对他们说："假如您是一个从小就梦想进入西点军校的人，您会怎么做？"

这句话相当具有说服力，让这些权威人士积极地向西点军校推荐他，他终于如愿以偿，最终成就了一番事业。

设想一下，如果他直接对每个人说："请帮我写封推荐函。"那么也许他第一次找人帮忙时就会吃闭门羹。

切记，要说服他人，就要先找出对方关心或在意的事情，并且让对方和你产生共鸣，这是佯守实攻的第一步。然后再观察对方热心的程度，探知对方的想法，最后让他了解并支援你的行动，这是第二步。只要走到这两步，一切问题便可迎刃而解。

人的大脑运作和处理语言的过程都有一种惯性，利用这种惯性，在一系列只能用"是"来回答的问题中，隐藏一个你想要他回答"是"的问题，这样就能得到你所要的。

如果你想邀请你的女友星期天陪你去探望父母，然而她基于某些理由不跟你去，这时你可以运用这种"催眠说话术"来和她斗智。

这时，你可以先说："下礼拜我去你家，好吗？"

"好啊！"

"有部电影听说很好看，不如我们一起去看吧？"

"好啊！"

"我们将来一定要孝顺父母。"

"好啊！"

"明天我们一起去看我父母吧！"

"好啊！"

通常，对方顺口回答之后，才会发觉中了你的圈套。

你略施小计"俘虏"了她，事后最好再多说一些好话，让她心甘情愿地跟你去见你父母。我想，任何一位女性，这时都无法再坚持她的意见。

这里用的说话方法便是"巧"。如果中规中矩地朝着自己的交谈目标努力，效果不一定好。有时候我们也可以这样，在朝着自己的目标前进的时候，不妨来一点"花言巧语"，你会发现自己的目标更容易实现了。

某家单位有两位给领导开车的司机，由于单位精减人员，必须裁掉其中一个，于是，两人竞争上岗。第一个司机大概讲了十来分钟，说："我将来要是还能开车，一定把车收拾得非常干净利索，遵守交通规则，要保证领导的安全，一定要做到省油……"第二个司机没用三分钟就结束了演讲。他说："我过去遵守了三条原则，现在我还遵守着三条原则，如果今后用我，我还将继续遵守这三条原则。第一，听得，说不得；第二，吃得，喝不得；第三，开得，使不得。我过去这样做，现在这样做，今后还会这样做。"

在领导心目中，这个司机说得非常好，为什么呢？"听得，说不得"是指，领导坐在车上研究一些工作，往往在没讲之前都是保密的，司机只能听不能说，说了就是泄密。"吃得，喝不得"意思是，司机要经常陪领导到这儿开会，到那儿参观，最后总得吃饭，但是千万不能喝酒，这叫保护领导的生命安全。而"开得，使不得"就是，只要领导不用的时候，司机也决不为了一己之利私自开车，要做到公私分明。这样的司机谁会不用呢？这不是会说话的效果吗？

人世间最难的事，就是逼一个人去做他不想做的事，因此，在人际交往中，如果希望对方做什么，不如让这件事和他本身产生利害关系。

人的一生都在不断地说话与倾听，关键时刻需要你站出来讲几句的时候，一定不能"掉链子"，否则，不仅会影响你的形象，而且有可能会断送你的美好前途。有的名人一不小心惹到了绯闻或者遭受到观众的批评而走到了人生低谷，有可能几句话就会助他上位，从而平步青云。

西方有位哲人这样总结："世间有一种成就可以使人很快完成伟业，并获得世人的认识，那就是讲话令人喜悦的能力。"语言是思想的外化，是必不可少的交际工具。我们要在这个世界上生活和发展，就没有一天能离得开语言。曾有学者估计，一个人平均每天要说18000个词语。一个人每天总要说很多话，而且越是能办事、越是办事多的人，说的话肯定也越多。所以说，敢于说话、善于说话才是一种积极的人生态度。会用"巧"语实现自己交际目标的人才是会说话的人。

巧言妙语，解除危机

在交际的过程中，由于观念不同、立场不同，难免会出现各种窘迫的情况。虽然分歧、摩擦在所难免，但是我们可以学会利用语言的魅力让危机解除。不论是任何分歧，只要你能够找到关键点，然后凭借舌绽莲花的说话智慧巧妙摆脱，就能够让谈话愉快地继续。下面介绍几种常见的化解分歧的方法：

——用赞美化解抱怨

有一个理发师带的徒弟终于出师了，但是正式上岗那天却出现了一个不愉快的小插曲，客人对徒弟剪的头发不满意，觉得留的太长了。面对客人的抱怨，徒弟只是面无表情地站在那里，没有解释也没有行动。

师傅看到这种情况后，走过来，对客人说："无论是您的气质还是脸型都适合这个长度，让你整个人看起来很含蓄，有种深藏不露的感觉，很符合您的身份。"客人听完之后，欢欢喜喜地结账离开了。

可是刚刚化解完危机，不久，徒弟给第二位客人剪完头发之后，又出现了问题，因为顾虑到上次客人嫌头发留得太长而生气的事情，这次徒弟给客人留的头发稍微短了些，于是遭到了客人的抱怨。

徒弟很是无语，觉得客人都太挑剔了，于是站在那里不满地抿紧了嘴唇。师傅过来解围，对顾客说："您很适合短发，显得精神、干练，而且又有亲和力。"客人听完后满面笑容地离开了。

徒弟吸取前两次的教训，在给第三位客人理发时先询问了对方喜欢的发型，并按照客人的要求理完了头发。可是客人在付款时却表达了自己的不满："理的不错，可是时间太长了。"徒弟听后再次无语。

师傅再次过来解围，笑着对客人说："为'首脑'多花点时间很有必要，您没听说：进门苍头秀士，出门白面书生？"顾客听罢，大笑着离开。

徒弟是一个擅长总结经验的人，于是到第四个客户的时候，他动作麻利地按照客户的要求剪完了头发。客人一边付款一边夸赞道："不错，动作麻利，花了这么短时间就弄好了。"徒弟听到后，不知所措，站在原地保持沉默。

师傅笑盈盈地接话道："现在时间就是金钱，我们可不敢耽误您的时间，为了这我们下面可没少下功夫。"客人听了很满意，含笑离开。

打烊后，徒弟内疚地找到师傅，向他道歉："师傅对不起，给你添了麻烦，我已经很努力了，可为什么老是做不完美啊？"

师傅笑着说："你也别气馁，凡事有利就有弊，没有十全十美的，所以客户自然会有不满意的地方，而我给你解围就是想让你知道，我们为客户服务的范围不仅是理发，同时还要照顾到他们的心情，所以多说好话是不会错的，即使我们理发出现了问题也会因为你的'嘴甜'而化解危机。"

徒弟很感动，之后他不仅更刻苦地钻研技术，还不断锻炼自己的口才，再遇到被客户为难的情况时，再不需要师傅出手相救。

如果你在生活中也遇到了这样的情况，不如学学师傅口吐莲花，用赞美对方来改变对自己不利的局面。

——将计就计摆脱尴尬

张作霖出身贫寒，后投身绿林，借协助清廷剿灭土匪起势，后又消除蒙患，维护国家统一，逐步提升，成为北洋军奉系首领，他强烈主张抵御日本侵略，拒绝签订卖国条约，这一点深得人心。日本人却对他痛恨之极，总找机会挑衅。在一次宴会上，日本浪人故意刁难他，让他作字画。大庭广众之下，"盛情"难却，张作霖吩咐人笔墨伺候，挥毫写下一个"虎"字，然后得意地写上落款"张作霖手黑"，钤上朱印。但是张作霖身边的秘书却发现了字画中的落款"手墨"怎么成了"手黑"于是悄悄地凑到张作霖身边低语道："大帅，您写的'墨'字下面少了个'土'，'手墨'变成了'手黑'。"张作霖听到后尴尬不已，但是又不能当众修改，那太丢面子了。

但是这点小事怎么能难倒张作霖，他灵机一动，大声呵斥道："我是傻子吗，我故意写成这样的，因为这是日本人索要的东西，就是不能带'土'。这就叫作'寸土不让'"。语音刚落，满堂喝彩。那几个日本浪人领教了张作霖的厉害，只好悻悻退场。

张作霖揣着明白装糊涂，将计就计不但避免了尴尬，还赢得了他人的掌声。

在人际交往中，出现口误是很正常的事情，尤其是在一些重要场合，人难免会紧张，口误也就在所难免，遇到这种情况，千万不能惊慌失措，只知道懊恼不知道补救,有经验的人都知道,即使错了只要补救措施做得好,不仅不会让场面尴尬还可以达到意想不到的效果。

在某个婚宴上,负责主持婚礼的主持人说:"走过了恋爱的季节,你们步入了婚姻的漫漫旅途。婚姻生活时常需要润滑,你们现在就好比一对新机器……"其实主持人想说的是"新枝丫",可是错误已经铸成,看到大家尴尬的表情,主持人略一思索,微笑着说:"已经过了磨合期",此言一出,大家都拍手称赞。主持人继而又深情地说道:"新郎新娘,祝愿你们永远沐浴在爱的春风里。"大厅里掌声雷动,一对新人听到后面的话早已经笑得眉飞色舞,尴尬的气氛一扫而光。

当然这样方式在实施时要根据具体情况具体对待,方式有很多种,如"将错就错""转移目标""偷梁换柱""顺势转接"等,上面两个故事用的都是将错就错的方法,无论是哪一种,最终目的都是希望将错误纠正。而其妙处就在于,能够不动声色地转变说话的情景,引导听众跟着你的思路前行,从而化解尴尬。

——幽默自嘲消除误会

这是发生在某大学新生宿舍的趣事。在大学的宿舍里似乎都有一个不成文的规定,即按照年龄排位次。可偏巧老七和老八相差不多,他俩都不想做垫底的那个,于是起了争执。老七开玩笑说:"垫底有什么不好,你本来就比我小两天,再说最小多好啊,以后你就是咱们寝室的宝贝疙瘩了,正好你姓王,我们就叫你王疙瘩吧!"

说者无心，听者有意，处于青春期的老八满脸的青春痘，本是少年心性，满脸的疙瘩让他烦恼不已，现在被别人提起，心里很别扭，于是脸色很难看。老七说完之后也发现了情况不对，但是覆水难收，懊恼不已，赶紧想办法补救，抬头看到了床头的镜子，于是灵机一动，揽镜自顾道："'蜷在两腮分，依在耳翼间，迷人全在一点点'。唉，老八，我这真是'一波未平，一波又起啊'！"。老八抬头看他，发现老七也是满脸的青春痘，于是不禁哑然失笑，尴尬和火气全消失了。

老七通过自嘲巧妙地将话题转移到了自己身上，避免了一场风波。

误会分为两种，一种事出有因，另一种实属偶然，但无论是哪一种，如果处理不当，都可能破坏交际，所以遇到这种情况一定要发挥你的应变能力，让语言来帮助你化解危机。

第六章

良药不苦口,说话要让人舒服

避实就虚，让人体面地接受

说到批评，我们能想到的就是严厉的语言。其实，并不是所有的批评都是暴风骤雨式的，和风细雨式的批评也有不少。在现实生活中，不管是在隆重的正式会谈中，还是在随意交谈的过程中，"含蓄"都颇有讲究。从某种意义上来说，每个人都有很强的自尊心，所以我们在批评别人的时候，千万不要伤害他的自尊心。就算你是一片好心，如果想要对方心悦诚服地接受你的批评，用语也要含蓄委婉。

在生活中，如果我们很想表达一种想法，但又觉得说不出口，就可以采用"含蓄"的方法。毫不夸张地说，含蓄是一种情趣、一种修养、一种韵味。一个人说话时要是失去了情趣、修养和韵味，语言就会失色很多。

当然，在我们运用含蓄式的批评时，场合也非常重要。通常，有第三者在场的情况下，哪怕是最温和的批评也会让对方恼羞成怒。不管你批评的对与错，他都不会领你的情，甚至对你怀恨在心，因为他觉得你让他颜面扫地。因此，你可以用恰当的词语代替"批评"，表面上看起来漫不经心，实际上批评的目的很直接。

一天中午，查尔斯·斯科尔特在他管理的美国钢铁公司的一家钢铁厂看见了这样的一幕：几个工人正在抽烟，而他们的头上赫然竖立着一块写着"禁止吸烟"的大牌子。如果你是斯科尔特，你会作何反应？是不是会直接走上前去，指着那块大牌子说："你们不识字吗？"很多管理者的确是这样做的。可是，斯科尔特并没有。

他径直向那些人走去，给了他们每人一支雪茄，然后说："各位，如果你们能到外面抽雪茄，我一定会感激不尽的。"几位工人立刻明白了怎么回事，对斯科尔特也更加敬重了。

当面指责别人，肯定会遭到对方顽强地反抗，而不着痕迹地暗示对方认识到自己的错误，则会收获尊敬和爱戴。在批评别人之前，我们可以先将对方赞美一番。例如，某家长为了让孩子用心地学习，决定改变之前严厉的说话方式，改用赞美式："宝贝，我们都为你自豪，因为这个学期你的成绩进步了。但是，如果你的数学成绩能再好一些，就更好了。"

此外，我们还要明白一件事，如果真的是对方的错，你必须让他承认并改正，也尽量不要用"你错了"之类的词语。你可以讲究一些技巧，使对方听不到"你错了"这样的词语，但是却让他明白是"错了"的意思。

就像一位哲人说的那样："必须用避实就虚的方式劝导别人，告诉他他不知道的事情似乎是他忘记了。"

学会含蓄式的批评，才能让对方体面地接受，这种方式是对自己和他人的尊重。点到为止，让对方意识到错误就足够了，千万不要上纲上线，深究或指责，一旦你开始变得咄咄逼人，就会影响交谈的继续。

忠言不一定非要逆耳

良药苦口，我们可以加点糖，就像给苦咖啡加糖一样。那么逆耳的忠言呢？我们该加点什么才能让它听起来更顺耳呢？答案是委婉含蓄。

每个人都有因受到批评而不开心的时候。西方心理学得出结论说很多人都有抗拒批评的心理，既然我们自己都不喜欢严厉、直白的批评，那么在别人做错事的时候，我们能将自己的不愿意加到别人身上吗？所以，当我们想要批评别人时，不妨换位思考一下，倘若自己处在对方的位置，是不是也不愿听到这样的言语？那么这个时候我们就要注意自己的表达方式，在自己的话里面添加点"含蓄"，使别人乐意接受你的忠言。

许广平曾写过一篇名为《罗素的话》的论文。在她把文章交给鲁迅批阅时，鲁迅写了下面的评语："拟给90分，其中给你5分（抄工3分、末尾的几句议论2分），其余的85分都给罗素。"暗示许广平的论文里面大多是罗素的原话，自己的论点不多。鲁迅没有明说，但却能让许广平自己领会其中的意思，在日后的创作中好好改正。

如果在职场中你是一位老板，当下属犯错误的时候，你会不会仗着自己的地位狠狠地训斥他们呢？狠狠地训斥可以让他们保证几天不再犯错，但能否让他们真正从心里认识到自己的错误呢？在毫不留情地训斥下他们甚至会产生抵触心理，那么一个充满抵触情绪的公司，效益和前途应该不会乐观吧？这个时候你应该学学下面这位老板：

美国有一位连锁店的老板，他在批评下属的时候就很注意方式。

有一次他想去店里看看情况。他独自一人来到大厅，见一位顾客站在柜台前想要询问价钱，却没有一个服务员理他，原来售货员正躲在一处说笑。老板看到这儿也没动怒。只是走到柜台前，十分礼貌周到地接待了这位顾客。售货员们看到这种情况惭愧不已，在以后的工作中再也没有开过小差。

这样的批评，不仅温文尔雅，不会引起对方的敌意，还能起到立竿见影的效果。

委婉含蓄批评的例子还有很多，总结一下，大概有下面几种类型：

1. 暗示型批评

所谓的暗示型批评是指不正面提出批评，而把批评的意思暗示在谈话之中，让被批评者自己去理解、接受。

某公司的总经理助理欧贝和他的女友莎拉决定旅行结婚，地点选在了风光如画的瑞士。当他在为计划做准备时，公司的总经理问他："你们已经决定要旅行结婚了吗？"

欧贝说："决定了。"

总经理又问:"真心祝福你们,什么时候出发呀?"

欧贝高兴地说:"就这几天吧!"

总经理无奈地说:"唉!你知道公司正要与一个重要的客户谈判并签订一份重要的合约,你是公司定的唯一谈判人选,你走了之后,有没有想过你的工作由谁来代替?"

从上面的对话中我们不难看出,公司总经理无法直接批评助理欧贝,毕竟欧贝与女友旅行结婚已经决定,无可非议,但在强调欧贝的谈判地位时却暗含了批评之意,当然也含有期望。聪明的欧贝不会不了解,所以结果不言而喻。

2. 安慰型批评

安慰型批评是指在批评对方的错误时,也要肯定他的成绩和努力,让犯错者在难过的时候也能感到安慰。

有一次,年轻的莫泊桑拿着自己新创作的诗歌去拜访著名作家布耶和福楼拜,想从他们那里得到一些有益的建议。两位大师一边听莫泊桑朗读诗作,一边喝香槟酒。等他读完后,布耶说:"你这首诗,句子中的意象过多,不易理解,像吃一块牛蹄筋;不过我读过更坏的诗。和它们相比,你的这首诗就像这杯香槟酒,勉强还能吞下。"这个批评虽严厉,但是留有余地,给了对方一些安慰。

把批评的语言用安慰的形式表现出来,这就是安慰型批评的诀窍。

3. 模糊式批评

用模糊的言辞替代直截了当的批评就是模糊式批评。这种批评方式虽没有"指名",但实际上却"道了姓"。

某公司职员的工作态度一度十分松懈,公司经理便召开职员大会进行"整顿"。他说:"最近这段时间,本公司职员工作态度大多数是好的,但也有少数人表现不佳,迟到、早退、上班聊天的现象时常出现。"

这里所使用的"大多数""也有"都是模糊的语言。用这种语言,既顾及了职员的面子,又指出了存在的问题,是不指名的批评,效果自然比直接点名批评要好。

4. 幽默式批评

幽默式批评,可以打破僵局,即使对方一时接受不了,也不伤和气,更不至于让对方难堪、丢脸。但是幽默地批评应该做到不低级庸俗,语言形象、生动,深入浅出。

伏尔泰的一个仆人非常懒惰。一天,伏尔泰请他把鞋子拿过来。鞋子拿来了,但布满污泥。于是伏尔泰问道:"你早晨怎么不把它擦干净呢?""用不着,先生。路上尽是污泥,2小时以后,您的鞋子又要和现在一样脏了。"

伏尔泰没有讲话,微笑着走出门去。仆人赶忙追上说:"先生慢走!钥匙呢?食橱上的钥匙,我还要吃午饭呢。"

"我的朋友,还吃什么午饭。反正2小时以后你又将和现在一样饿嘛!"

伏尔泰巧用幽默的话语,批评了仆人的懒惰。如果他厉声呵斥、命令他，则不会有这么好的效果了。

幽默地批评可以使被批评者思考，使批评不但达到教育对方的目的，同时也创造出轻松愉快的气氛。

5. 建议性批评

从被批评者乐于接受的角度出发，提出能够令对方接受的建议，其结果往往出乎我们的意料。

迪肯斯非常喜欢植物。因此，当他看到那些嫩树和灌木，一季又一季地被大火烧毁时，十分伤心。那些火灾是由那些到公园内去享受野外生活、在树下煮蛋或烤热狗的小孩引起的。虽然公园的一角，立着一块"任何人在公园内生火，必将受罚或被拘留"的告示牌，但根本不起任何作用。

刚开始的时候，他为了阻止那些在树下生火的孩子，总是会威胁他们说，如果再不将火扑灭就送他们到监狱去。

结果呢？那些孩子表面上服从了，但是当迪肯斯离开之后，他们再将火点燃，并且极想把整个公园烧光。迪肯斯严厉的批评方式显然没有起到任何的效果。终于，他也意识到了自己的方法不够得当，于是他改变了策略。

"玩得痛快吗？孩子们，你们晚餐想煮些什么？……我小时候也很喜欢生火，现在还是很喜欢。不过说真的孩子们，在公园内生火太危险了，极有可能引起火灾。当然我知道你们会很小心，但其他人可就不这么小心了。如果他们看到你们生火，也会跟着这么做的，但是他们极有可能在回家时忘记将火熄灭。哦，我的孩子们，我不是想扫你们的兴。我有个更好的提议，你们可以把火堆旁边的枯叶子全部拨开，在离开之前，用泥土，很多的泥土，把火堆掩盖起来。你们可能还不知道，山丘的那一头都是沙坑，如果在那生火，会更有意思。孩子们，祝你们玩得痛快。"

果然，孩子们不再在树下生火，他们接受了迪肯斯诚恳的建议。

学会了委婉含蓄的批评方法后，在处理人际关系的时候你会更加游刃有余。比如邻居每晚看电视至深夜，吵得你无法入睡，你可以略带玩笑地问他可不可以借用电视几天。这样一来，邻居就会认识到这个问题，如此，既解决了你的问题，也避免了邻里间的不和睦。

都是聪明人，点到为止

中国有句谚语：明人不用细说，响鼓不用重锤。在日常生活中，如果遇到他人犯了错误，而这个人又是一个头脑比较有条理的人，那么我们提醒时只需轻轻触及话题的边缘，而不必深入谈论，向对方表明了意图即可。正如一面上乘的鼓，鼓面质量好，不用很大的劲敲就会很响。所以明事理的人犯了错误只要提醒就可以更正缺点或错误。

有时候，点到为止，能够让对方更快的接受你的意见或者建议，原因很简单，你没有直接揭穿，给他留了面子，即便知道你在批评他，他依旧感受到如春风般的舒适，而你的做法不仅能体现出自身的涵养，还容易赢得被批评者的好感，为之后的人际交往奠定良好的基础。

人非圣贤孰能无过，无论是有心之过还是无心之过，人总是会在犯错之后懊恼，这时如果听到外界的批评尤其是那些过火的批评心里会更难受，甚至产生抵触情绪，因此，我们批评犯错之人时一定要控制好语言，不可太露骨，旁敲侧击能够达到目的的，决不直言不讳。俗话说"过火饭不要吃，过头话不要说"，如果你面对问题时缺少理智，说话不注意措辞、不知轻重，而对方自尊心又强，那么很可能弄巧成拙，不仅不能"化危机为转机"，还可能让彼此的关系破裂。因为没有人喜欢被过火地批评。

被誉为"纸币之父"的张咏和寇准是好友，据《宋史·寇准传》记载：张咏在成都，听说寇准要当宰相了，对他的跟随者说："寇公奇才，惜学术不足尔（寇准天纵奇才，治理国家是把好手，只可惜学术不足）。"作为至交好友，张咏很想找机会劝诫寇准。恰逢张咏从成都任职期满到朝廷候差经过陕西时寇准也在那里，于是他们得以有机会见面。

临分手时，寇准问张咏："何以教准（你有什么要教导我的吗）？"张咏本就有意劝说寇准多读书，现在寇准自己来问他，他当然想将自己的想法告诉寇准，但是寇准现在毕竟官居高位，即便是好友，张咏也觉得直截了当地说可能会让对方反感，于是不紧不慢地说："《霍光传》不可不读也。"寇准当时不明白张咏说这话的意思，但是又没好意思直接问，于是回到家里后赶快取《霍光传》来仔细阅读，当读到"光不学无术，闇于大理"时，恍然大悟，哈哈大笑道："此张公谓我矣！（张公原来说我不学无术。）"从此以后，寇准认真读书，学问大有长进。

张咏临别时的一句赠言："《霍光传》不可不读"将自己对寇准学术方面的怠慢巧妙地表达了出来。如果张咏直接对寇准说，你治理国家有一套但是学问欠缺，以后多读书，我们来想象一下，寇准会有什么样的反应，即便当时他没有反驳或者生气，可是多少也会有抵触心理，不会认真地读书，而张咏通过让他读《霍光传》这个委婉的方式，就使寇准愉快地接受了自己的建议。正所谓："响鼓不用重锤敲"，寇准是聪明人，也是知错能改的自觉人，因此只需轻轻点拨即可。

高明的批评者都明白这一道理，于是多采取一种十分高明的暗示手段，而且很注重掌握说话的分寸，不会造成被批评者的逆反心理，更容易达到批评和警示的目的。

有一位经验丰富的班主任曾经说过:"教育有时就如一件衣服沾上了几滴泥,想马上擦掉,反而越擦越脏,不如等泥晾干,再用手轻轻一弹,干涸的泥点便会轻轻地剥落下来。"由此可见,做事不懂掌握分寸,可能会将原本简单的事情变得更加糟糕。

当你善意地对对方提出批评时,多运用"响鼓不用重锤敲,点到为止"的语言艺术,不仅能纠正对方的错误,还能为你赢来他人的掌声。

给对方一个台阶

许多人把面子看得比什么都重，所以，会说话的人在说服别人的时候，懂得给人留面子，在必要的时刻给对方一个台阶下。聪明的人懂得如何不揭穿他人的谎言，免得使人下不了台。

为了不伤人面子，你可以在谈话中给对方铺台阶，可以假定双方在一开始时没有掌握全部事实，例如，你可以这样说："当然，我完全理解你为什么会这样想，因为你那时可能还不知道有这回事。在这种情况下，任何人都会这样做的。"或者，"最初，我也是这样想的，但后来当我了解到全部情况，我才知道自己错了"。

2009年1月13日，央视一号演播厅进行了春晚的首场彩排。青年美声歌手王莉上场时不慎摔倒，单膝跪地，虽然她随后照常演唱，但现场气氛还是显得很尴尬。主持人董卿见状，急中生智，说道："刚才王莉不小心摔倒了，好在没影响到她的演出。其实春晚就是这样一个舞台，能站在这里的都是最优秀的演员，因为大家都是摔倒了又爬起来才走到这里的！"董卿话音一落，全场爆发出了热烈的掌声和叫好声。

面对歌手摔倒这一尴尬局面，董卿机智地进行化解，从王莉"不小心摔倒"的情景，联想到台上诸多演员的奋斗经历，语出不凡，不仅寓意深刻地道出了一个优秀演员历经挫折走向成功的道理，给人启迪，同时转移了大家的注意力，起到了圆场之效。

有一位女老师曾遇到过这样一件事：下课了，班长向老师反映，昨天她爸爸送给她的生日礼物——一支黑色派克钢笔不见了。老师巡视了一下全班同学的表情，发现坐在班长旁边的学生神情惊慌，面色苍白。

于是，这位女老师明白了一切，但如果当面指出，不仅没有证据，还会伤害这位同学。于是，她想了想说："别着急，肯定是哪位同学拿错了，黑色的钢笔实在太多了，互相拿来拿去是经常发生的事。只要等会儿他看清楚了，一定会还给你的。"果然，下课以后，班长就发现自己的钢笔又回来了，不禁感叹老师真是料事如神。

人们通常会为谎言寻找各种借口，你若是一个精于交际之术的人，就会知道，面对别人的谎言，直接戳穿并不是最好的办法，必要的时候给他一个台阶，才能让他心服口服，体面地收起那套鬼把戏。

人们都有一时冲动，做错事、说错话、得罪人的时候，如果你以牙还牙只会使事态变得更严重。不妨给对方一个台阶下，反而能使对方产生愧疚感，自动改正错误，达到说服他的目的。

智慧藏于谈吐之间

一般情况下，人们总是愿意相信自己通过实践得出的结论，习惯于通过独立思考发现问题的所在。但是对于那些自己未必相信的事情，对于善意的提醒和批评，还是会愿意多听一听、看一看，然后再下判断。

所以当你给他人提出建议时要给他人考虑的余地，尽量缓冲你的判断结论，然后告诉对方这只是你的判断，声明这只是个人的看法，或者是亲眼看到的事实，因为可能别人跟你有着不一样的经验。在将你的看法传递给对方时一定要避免使用独断专行的词语，如"绝对是这样的""全部是这样的"或者"总是这样的"，而要采用一些委婉的措辞，如"有些是这样的""有时是这样的""大多数人都是这样的"。

对那些自己没有亲历、不了解的事实，或存有疑点的问题发表看法时，选择词语时尽量用限制性词语，如："仅从已掌握的情况来看，我认为……""如果情况是这样的话，我认为……""这仅仅是个人的意见，不一定正确……"。这样，你的言辞就会比较客观，而且当出现新的情况时也可以随时改变意见，为纠正自己原来的看法留有余地。

其实暗示性的策略语言多委婉、含蓄、隐蔽，利用弦外之音巧妙地表达自己想批评的内容，而被批评者需要经过思考才能领悟到其中的含义。

1887年3月8日，美国牧师及演说家亨利·华德·毕奇尔逝世。很多牧师哀伤不已，为了缓解他们的情绪，莱曼·阿伯特被邀请来为他们做演讲。

莱曼·阿伯特特别想利用这个机会表现自己，于是他将演讲稿反复地修改，而且不断地加以润色，希望可以打动别人。为了保险，莱曼·阿伯特改完之后，读给妻子听，希望她可以给些意见。

事实上，虽然他这次比任何一次都认真，但是他的演讲稿却和之前的演讲稿并没有任何区别，可是看到他高涨的热情，妻子没有直言不讳，而是告诉他："亲爱的，我觉得如果你的演讲稿登在《北美评论》杂志上，将是一篇极佳的文章。"

莱曼·阿伯特很快便明白了妻子的意思，于是撕掉了演讲稿，从那之后，他演讲再没有写过底稿。

在奉劝别人时，一定要思考应该以什么样的方式把它说出来而不会让对方难堪，这个时候再把话挑明，也许会减少一些伤害。我们来试想一下，如果莱曼·阿伯特的妻子，直接告诉他："莱曼，我觉得你写得糟糕极了，根本不是演讲稿而像百科全书，枯燥无味，听众一定会睡着的。你已经传道很多年了，难道没有更好的认识吗？看在上帝的份上，你最好像普通人那样说话，让自己的表达自然亲切一点，如果你拿着你的演讲稿去演讲只会自取其辱。"莱曼·阿伯特会是什么表情，也许他会深受打击再也不愿意去演讲，也许他会觉得妻子太刻薄了，毕竟她不是这方面的专业人士，有什么权利将自己批评得一无是处呢？是不是在她的眼里我一无可取？

因为妻子的表达问题，可能给以后的夫妻生活埋下隐患。而莱曼·阿伯特的妻子却恰恰相反，她的批评很有技巧，既称赞了演讲稿写得很不错，也巧妙地暗示了莱曼·阿伯特的演讲稿可能不适合演讲，在保住了丈夫自尊心的前提下，又给了他很好的建议。

所以当你对对方提出批评时，尤其是那些因没有搞清楚事实或者不是自己擅长的领域，都不宜说过头话，用"藏颖词间，锋露于外"的形式更合适。为了让对方信服，我们还可以通过列举和分析现实真实的案例，暗喻其错误；也可以通过列举分析历史人物是非，让其明白其错误；当然也可以通过分析正确的事物，将其犯的错误通过比较凸显出来……

当然除了上面几种方式以外，还有很多暗示法也很有效，如通过故事暗示，用生动形象的故事增强感染力；通过笑话暗示，不仅能增加幽默感，还不会使犯错者尴尬；通过轶闻暗示，通过轶闻趣事，使他听批评时，即使受到影射，也易于接受。总之，我们的目的是为了使人反思领悟，从而自觉愉快地接受你的意见，改正错误。

巧妙化解尴尬

有些人自认为聪明，事无巨细、斤斤计较，觉得自己凡事能够一针见血、入木三分，殊不知这种行为实际上是大愚蠢，还会因小失大，这样的例子简直举不胜举。他们甚至嘲笑那些不喜计较、和善易处的人，却不知有一种智慧叫作大智若愚，糊涂并不是无智，相反它是隐藏着的智慧；糊涂不是无能，相反它是人类的潜能。

因为有些事情如果我们非要较真，反而会愈加麻烦。所以在人际交往中，适时地装糊涂很重要。心胸开阔、宽容大度，不用语言讥讽，不会出言不逊，有时候就可以大事化小，小事化了。尤其是在某些有争论性的话题不能够得出结论时，不用争强好胜，只要不是原则性的问题，有时候适时的退让、装糊涂，反而会让争论在平和的气氛中结束，让相处更愉快。

有些时候，如果说话过于直白，反而达不到预期的效果，尤其是那些让人尴尬的场景，模糊的语言更容易化解尴尬。

有一家旅馆要招收一名男性职员，复试时只剩下了3个人，面试的过程很简洁，老板只问了一个问题："假如你无意推开房门，看见女房客一丝不挂地在淋浴，恰好她也看见了你，这时你会怎么办？"

他们各自在答题卡上写下了自己的答案。

甲的答案是：说声对不起，然后关门退出。

乙的答案是：说声小姐对不起，然后关门退出。

丙的回答则有些让人意外：说声先生对不起，然后关门退出。

最终丙被录用了，原因是他的回答比其他两人更加精妙机智。前面的两个人虽然说的都是实话，可是在那种局面下，这样的实话会让女房客窘迫不已，十分尴尬。而丙的这种装糊涂的做法，让顾客减少了胡乱猜疑，让当时的局面得到了最妥善的解决，可谓是"一箭双雕"。

在现实生活中，我们经常会碰到类似上面故事中的尴尬情况，不能不回答，但是直接回答又过于尴尬，这时同样可以巧妙地使用糊涂语言进行作答。当然这也算是善意的谎言，只要我们运用得当，不仅能够极大地推进人与人之间的友谊和情感，还会让我们的生活更加多姿多彩。

阿根廷著名的足球运动员迪戈·马拉多纳被人们誉为足球场上的"上帝"，是最伟大的球员，也是最有争议的球员，1986年马拉多纳凭借自己的杰出表现率领阿根廷队第二次获得世界杯冠军。

在1986年的世界杯上，阿根廷和英格兰队相遇。比赛中马拉多纳打入的第一球是"颇有争议的手球"，但是当时裁判并没有看到，于是判决此球有效，但是有一名墨西哥的记者清晰地拍到了这个镜头，于是赛后有记者问他，第一个进球是头球还是手球？马拉多纳的回答很巧妙，既没有否定也没有承认，他说："此进球一半是马拉多纳的头，另一半是上帝之手。"

马拉多纳既回答了记者的提问，又模糊了事实，倘若直接承认，那么球迷一定会认为比赛是不公正的,从而否定裁判的权威性,但是如果不承认又很没有诚信,于是他将一切都归结为上帝的旨意,是上帝之手指引足球进入球门的,既维护了球场的规则,又表明自己光明磊落。当然还有一层隐含的意思,对刚刚在"马岛战争"中被英国击败的阿根廷人来说,赢球可能是最好的报复手段。马拉多纳认为这个进球是上帝对英格兰人的惩罚,羞辱了英国人。

由此可见,在某些场合,语言模糊起到了很重要的作用,能够缓解气氛,给自己和他人台阶下,达到双赢的效果。有时候糊涂是一种大智慧,可以为我们化解那些难以处理、难以解决的矛盾和冲突。所以"难得糊涂"历来被推崇为高明的处世之道。"明者远见于未萌,智者避危于无形",难得糊涂是一种取得胜利的策略。所以,做人切忌恃才自傲,得理不饶人,锋芒太露容易树敌。

某学校的实验室无故丢了几个凸透镜。一天一位实验室的老师无意间发现了几个学生拿着凸透镜在阳光下玩,于是走过去查看。学生看到老师之后很慌张,于是老师肯定了自己的猜测。但是为了让孩子们既得到教育又不伤害他们的自尊心,他并没有直接批评他们,而是笑着说:"哎,你们找到凸透镜了啊,我还发愁呢,不知道在搬动实验设备时丢到哪里去了,下午的课都没有办法上了,我沿途找了好多次都没有发现,还是你们厉害。这样,我的课在最后一节,既然你们找到了,为了奖励你们,你们继续刚才的实验吧,最后一节课之前还给我就可以了。"

学生们松了一口气的同时也惭愧地低下了头。下午学生果然准时将凸透镜送回了实验室。

这位老师很聪明,她故意装糊涂,误以为学生帮助自己找到了凸透镜,将责备化成了感激,自然令学生在摆脱尴尬的同时又羞愧不已,老师的目的也顺利地达到了,同时还维护了学生们的自尊心。

由是观之,难得糊涂是一种科学、智慧、艺术的处世之道。有时候装装糊涂,不过于斤斤计较,既有"保护自己"的功能也有拯救他人的功能,可以让你有更多的时间去享受人生。但需要注意的是,说糊涂话要讲究场合、要看人,才能收到预期效果。

很多时候,揣着明白装糊涂是一种人情的练达。在一些特殊的场合中,人要有猛虎伏林、蛟龙沉潭那样的伸屈变化之胸怀。当然,做到"明知故问"绝非易事,如果没有高度涵养,斤斤计较,是断然不行的。而且还要注意,一律糊涂,不可取;每事糊涂,要不得;该糊涂时则糊涂,能糊涂就糊涂,不该糊涂则旗帜鲜明,执着坚持才是我们最高的人生境界。

第七章 说服与反驳他人的妙招

让你的话步步为营

交谈时,不仅要了解对方的需要,还要及时预测对方说话时的心情和反应,巧于周旋,紧紧盯住并靠近目标,步步为营,环环紧扣,这样说话才能有效。

一位顾客走到玩具摊前,伸手拿起一只声控的玩具飞碟。

"您好!您的小孩多大了?"售货员彬彬有礼地发出试探信息。

"10岁。"

顾客不经意的回答却使售货员顿时兴奋起来,从反馈回来的信息中,她确认找到了实现目标的突破口,便立即发起了攻势:"10岁,这样的年龄正是玩这种飞碟的时候。"

她一边说,一边打开玩具飞碟的开关,拿起声控器,熟练地操纵着,同时,又再次强化话语信息:"玩这种飞碟,可以让孩子从小培养强烈的领导意识。"两三分钟后,介绍产品的任务完成了,果然顾客发出了新的信息:"多少钱?"

"80元。"

"太贵了!"

"70元好了。"

话题转移到了价格的议定。话语调控敏捷与否，将决定着买卖能否成功，售货员洞悉家长的心情，为了孩子，一般家长都是不惜花钱的，于是，她又发起了新的攻势："跟培养孩子的领导才能相比，这实在是微不足道。"她对顾客微笑着说。

售货员机灵地拿出两节崭新的电池，说："这样好了，这两节电池奉送。"说着，便把一个原封的声控玩具飞碟，连同两节电池，一起塞进备用的塑料袋里递给顾客。"不用试一下吗？"

话语交际又发出了新的信息，不等顾客反馈过来，售货员根据话题转移又迅速调控话语："质量绝对保证。"付款，开发票，递上发票之后，售货员又补充说："如有质量问题，两天之内凭发票调换。"

这场营业交谈，虽然历时短暂，但也十分曲折，话题由介绍商品、议定价格，到质量保证，依次递转，环环紧扣，这中间只要有一环调控不当，就会导致交谈中断，原定目标就无法实现。

对，你说得都对

我们往往会遇到这种状况，当你费尽口舌后发现对方虽对你的想法并不排斥，但是也完全没有要接受的意思。这是因为他对自己之前的想法还抱有幻想，没有办法一下子割舍，毕竟那些想法有很多的可取之处，所以没有办法全盘接受你的说服。

解决这种境况的最好办法就是，不能一竿子把人打死，要找到对方想法里的优点给予肯定："我也觉得过去的做法还是有可取之处，确实令人难以舍弃"，先接受对方的立场，道出对方真实的想法。这么做的原因很简单，你的认同能够极大地满足对方的自尊心，他会认为你没有全盘否定他的想法，就是对他本人的肯定，从而减轻心理的抵抗情绪，对你之后要说的话更容易在心理上接受。

某家庭电器公司的推销员挨家挨户推销洗衣机。当他敲开一户人家的门时，听到了卫生间传来的洗衣机转动的声音，于是他问主人能否看看他家的洗衣机。主人将他带到了卫生间。当看到这台老旧的洗衣机后，推销员说："洗衣机是老式的啊！现在很少有人用这款，洗衣时间长，而且对衣服也有耗损，您该换一台新式的了。"

结果，不等这位推销员说完，主人马上产生了反感情绪，皱起了眉头驳斥道："你说的那些我一点也没有觉察到！这台洗衣机很耐用的，十几年了从来没出现过故障，现在的洗衣机不见得有这款好用，除非它彻底报废了，否则我不会考虑更换新的！"

几天之后，另外一个推销员来拜访，同样看了主人家里的洗衣机，说："这是台令人怀念的洗衣机，因为很耐用而且少故障，很多用户都很喜欢它。"主人一听，很高兴，于是接话道："是啊！这倒是真的！我家这部洗衣机确实已经用了很久，我太太很喜欢，可是毕竟用了很多年了，洗衣功能有些退化！"

推销员听后，马上拿出自己带的小册子，对他说："我们买洗衣机就是为了生活方便的，现在生活节奏快，没有太多时间能浪费在家务上，所以再多的感情也敌不过适用。我们公司最近新出了很多款新式的洗衣机，我建议您不妨看看，如果有合心意的就换一台，我相信您太太也一定会因为你给她减轻了负担而欣喜。"主人听到之后，果然毫不犹豫地接过了册子。

这位推销员把握住了人的心理，先赞同其想法，然后再根据对方想法中的劣势进行说服，这种推销说服技巧，让被拜访对象成了潜在的客户，即使这次他不买，但是已经被动摇，而且产生了购买新洗衣机的欲望，所以被说服是早晚的问题。

善于观察并利用对方微妙的心理，是帮助自己提出意见并说服对方不可或缺的要素。一般来说，被说服者之所以摇摆不定、想坚持自己的想法，是害怕被他人左右后会发生自己无法掌控的后果，如果你能洞悉他们的心理症结，并加以开解，他们还有不答应的理由吗？

我们在对他人进行说服时，一定要先找到令对方不安或者是忧虑的问题所在，然后找到解决的办法，在对方提出相关问题时给予合理的回答，消除对方的顾虑，如果你没有充分地准备好，回答得模棱两可，会让对方更加不安，甚至怀疑你的初衷。所以，你应事先预想一个能引起对方可能考虑的问题，此外，还应准备充分的资料，给客户提供方便，这是相当重要的。

拥护对方的利益

当我们站在对方的立场、利益点上思考问题时，会更加客观地看待问题，所以说服他人时，从对方的利益出发，是最容易达到说服目的的。

对于肿瘤患者来讲，放疗时每周测一次血是常规检查中必不可少的一项，可是很多患者却拒绝接受这项检查，他们觉得没有必要，而且每周都抽血似乎对身体不好，意识不到这项检查到底有什么意义。

一次，护士小王按照惯例到病房通知患者作检查前准备，说："大妈，您准备一下，我给你抽血送去作常规血检！"

患者听到后，拒绝地说："怎么每周都抽血啊，这让人怎么受得了，我太瘦了，没有血，我不抽了！"

小王护士解释道："大妈，抽血是因为要检查骨髓的造血功能是否正常，例如，白细胞、红细胞、血小板，等等。如果血常规太低了，就不能继续做放疗，人会很难受，治疗也会中断，对身体也不好。"

患者更好奇地说："降低了，又会怎样？"

小王护士说："降低了，医生就会用药物控制它，让它上升到达到标准后才能再次放疗！像您这样的患者都需要每周抽血，您看，我车上的就是隔壁病房患者抽出的血样！而且抽的这点血，不会对你的身体造成影响的，您就放心吧！再说我们人有造血功能，抽了还可以补充回来呀。"患者被说服了："好吧！"

我们说服对方的目的，通常状况下是为了自己的工作能够顺利进行或是某种共识能够达成，既然是为了某种利益，那么了解了对方真正追求的利益是什么，进而满足他的欲望会更容易达到目的。

说服他人很少有一次就能成功的例子，多数时候我们都必须费一番工夫，即使是这样，还是会遇到无论我们怎么进攻或者示弱恳求对方，但是对方却不予回应或者敷衍了事。为什么会出现这种状况呢？因为我们没有找到对方感兴趣的东西，如果我们的出发点建立在给对方利益的基础上，以"利益"为驱动引起对方关心，然后再说服诱导，成功的概率就会提高很多。推销员在这方面的经验就是很好的佐证。他们在推销之前为了唤起顾客的注意，并达到80%的购买率，往往是先诱导，后说服。

在英国工业革命时期，很多行业都有了突破性的发展，各项发明如雨后春笋般出现，而这些发明进一步推动了工业革命的进程。但是那些为工业革命的发展做出贡献的发明，在起初并没有得到人们的重视，发明过程极其艰难。法拉第发明发电机的过程就是很好的佐证。

由于缺少资金，法拉第的研究不得不搁浅，为了让研究继续，法拉第决定说服政府为其出资，于是去拜访了当时的首相史多芬。

法拉第带着他的发电机雏形，出现在首相办公室的时候，史多芬并没有表示出有兴趣。尽管法拉第非常热心地给首相介绍了很多对时代发展具有非同寻常意义的发明,但史多芬的反应始终很冷淡,一副漠不关心的样子。

法拉第看到首相的反应之后,停止了滔滔不绝,是啊,一个精于权谋的政治家怎么会对这些感兴趣呢?自己辛苦发明的东西,也许在他眼里只是缠着线圈的磁石模型,至于其能否为将来的工业结构产生影响又和他有什么关系呢?于是法拉第改变了策略,微笑着说:"如果我的发明投入实际运用后,一定能够增加税收。"

果然,首相在听到这句话之后,面无表情的脸上终于动容,于是开始详细地询问一些关于发明的事情,并最终为法拉第提供了资金。

显而易见,首相态度的突然转变,究其原因是,发动机的应用会给企业带来利润,而利润增加必能使政府得到一笔很大的税收,而这才是首相关心的。

当然,我们在说服对方放弃固执、愚蠢、鲁莽、不智的举动时,经常失败的原因就是没有抓住——对方的行为会给他带来的危害到底有多大。"打蛇打七寸",所以我们在说服别人的时候,一定要摆出利害关系,告诉对方这么做会损失多少利益,使他的心弦受到颤动,从而放弃自己消极的、错误的行动,心甘情愿地接受我们的建议。因为没有人在知道了自己的行为会给自己造成危害时,还冒险去尝试。

为了整顿市容市貌,违章建筑都被拆除了,不符合城市卫生规定的小摊位也都被强行撤了。但是某剧院门口偏偏就有一个特例,一位年近六旬的老太太不管怎么劝,她都会每天定点来卖东西。剧场管理员也是苦不堪言:"这老太婆年岁大,嘴皮尖,人家叫她铁嘴,不好对付,只好睁只眼闭只眼。"

一天，市里派人来检查卫生，剧场管理员劝老太婆回避一下，说："老太太，快把摊子挪走，今天这里不许卖东西。""往天许卖，今天不许卖，世道又变了吗？""世道没有变，检查团要来了。""检查团来了就不许卖东西？检查团来了还许不许吃饭？""检查团来了，地面不干净要罚款的。""地面不干净关我什么事，又不是我弄上去的，讲不讲理了，他哪天吃多了闹肚子难道还要怪卖东西的人吗？神经病。"管理员无言以对，悻悻而退。

管理车辆的老刘师傅随后走了过来，说道："老嫂子，你说你这么大年纪了，起早贪黑的多不容易，挣那几个钱要真被检查团来罚你一笔，多亏，难道你还能打场官司不成？再说，检查团不会天天来，可是咱为了养家糊口生意得天天做，要是为了这个以后不能摆摊了不值得。""嗯！大哥说的有道理，我这就收摊，明天再来。"说完，老太太麻利地收拾好走了。

同一件事情，同一个人，不同的劝阻方式，一个失败，另一个却成功，原因很简单：管理员之所以劝阻不成反讨没趣，就因为他没有从关系老太太切身利益的立场上去劝说，只一味地讲道理，怎么会达到目的呢？而老刘师傅却站在老太婆的角度上耐心地帮助她分析利弊，让她明白自己的坚持会让她失去长远的利益，让她意识到自己固执行为的不明智，于是心服口服地接受了规劝。

利己是多数人的"通病"，说服他人时如果能将这种心理利用起来，多半的说服都是会成功的。

"先顺后逆"有奇效

反驳别人的观点或者是错误的言论最有效的方式就是借敌力为我用，引诱对方最终意识到自己的荒谬。这种方式叫作先顺后逆法，即指先顺承对方的意思，对对方所说的话加以肯定，然后急转直下，说出相反或不同的观念。

要想正确地运用先顺后逆法，就要把握好说话的时机，让其发挥"四两拨千斤"的效果。尤其是面对那些喜欢语出狂言的人，只要附和他、怂恿他，就能够在最短的时间内抓住对方的弱点，然后成功"突逆"，收到事半功倍的效果。

在"文革"期间，某农场召开批斗大会，批斗的对象是一名教师，理由是不尊重女性，殴打自己的妻子。

其实来参加批斗的人都知道，教师的妻子为人不检点和当时的造反头子有染，可是在当时没有人敢站出来为教师说话，只能木然地听着台上的教师妻子声泪俱下地控诉："他简直不是人，从来没有将我当人对待，觉得我是他的私人财产，想打就打想骂就骂。"

这时，一位被下放的人终于忍不住跳上了台，他接着教师妻子的话说：

"亏你还是读书人，怎么能够将自己的爱人当作私人财产呢，你的错误很严重，必须接受人民的审判，彻底地认罪。"

造反头子和教师的妻子看到有人拥护他们，露出了得意扬扬的笑，台下的群众不解地看着那位帮凶，眼露厌恶，可是帮凶似乎没有发现人们的异样，继续说："请你记住，从今以后要发扬共产主义精神，将你的爱人当成共有财产，否则，你就只有死路一条。"

台下的人听完后哄堂大笑，造反头子和教师的妻子气得脸色惨白，可是又不好意思出来反驳。

上面的例子告诉我们，当我们想表达自己的见解但是又不能公然反对对方的观点时，先顺后逆法能够帮我们顺利地达到目的。当然，在使用这种方法时也要讲究一些技巧，下面我们来归纳几种常用的方法：

附加条件法

即先顺承对方的意思，让对方以为你妥协了，然后再附加一个条件，这个条件既可以跟之前对方提出的条件相顺承也可以毫无关系，但是无论是哪一种，这个附加条件都是对方没有办法做到的。

帕格尼尼为了准时赶到剧院参加演出，出门之后看到一辆马车，没有来得及问价钱就上了车。在去剧院的路上，他一边催车夫尽量快一点，一边问车夫价钱。

巧的是，这个车夫认识帕格尼尼，知道他是著名的音乐家，于是打算敲诈他一笔："先生，从你上车的地方到剧院需要10法郎。"

"你确定自己没有开玩笑吗，先生？"帕格尼尼问道。

"当然没有,我尊敬的先生,据我所知,人们去听您用一根琴弦拉琴的演奏会可是需要 10 法郎。所以我这个价钱不算高。"车夫回答。

"哦,那好吧,我会付给您 10 法郎,不过为了公平起见,你就用一个轮子将我送到剧院吧!"帕格尼尼微笑着答道。

一般情况下,我们遇到敲诈的事情可能都会很恼火,甚至会毫不犹豫地拒绝,于是事情最终常常以争吵结束。可是帕格尼尼却一反常态,先答应对方的无理要求,然后提出一个让车夫没有办法做到的要求:用一个轮子把他送到剧院,他用这种方式表达自己对勒索的拒绝态度。

补充说明法

肯定对方的观点或者是顺着对方的观点说下去,然后再补充说明,使之符合逻辑。

某一年的愚人节,一家报纸为了增加销量,应景得刊登了一则关于马克·吐温去世的消息。即便知道当天是愚人节,可是人们还是没有办法相信报纸会将这么重要的事情当作愚弄大众的方式,于是纷纷到马克·吐温家吊唁。

当马克·吐温知道事情的缘由后,并没有发火,也没有找报社的麻烦,而是微笑着对来吊唁的人说:"这则报道是真实的,不过日期却提前了一些。"

马克·吐温先是肯定了报道的真实性,然后用"日期提前了一些"加以补充,避免了逻辑上的漏洞,幽默风趣地将这件事揭了过去。

借口推脱法

即先答应对方的要求，让对方误以为达到了目的，然后再寻找借口加以推脱。

宋代的范正敏在《遁斋闲览》中记载了这么一个故事：

在当时的社会，那些富贵权势之家都会从新科进士中挑选女婿，迫于权势的压力，很多人即使不乐意也会答应。

科考出榜后，权贵之家争先恐后地派人寻觅那些有才华相貌又好的进士，某权贵相中了一名年轻进士，怕被拒绝，于是便派10名家丁去强行相邀。没想到年轻进士没有推辞，跟随而来。于是引了很多人围观。

到了府上之后，权贵开门见山地对进士说："我膝下只有一女，相貌倒也不俗，愿许配给郎君，不知意下如何？"

进士鞠躬答道："我出身贫寒，能娶到您的千金是几辈子修来的福气。不过，这件事要等我回家与妻子商量之后才能答复，你看如何？"

权贵一听，知道进士已经成亲，于是满面羞惭。

在那个时代，权利即是一切，一个小小的进士怎么敢得罪权贵呢，如果直接推脱，即使不被强迫，肯定也会影响之后的仕途，这名新科进士很聪明地没有直接拒绝，而是恭敬地应允，然后借口说要与妻子商量，表明了自己已有妻室的事实，而且言外之意表达了对糟糠之妻的尊重，让权贵无可奈何。

恭维放在反对前

如果"反对他人",会让很多人头疼不已。因为,如果方法不当,直接说"不",可能会让人对你产生不满,甚至憎恨和仇视。每个人都不愿意这样。那么,有没有什么办法能消除这些困扰呢?当然有!要知道,反对也是一门艺术。反对得当,对方才能心悦诚服地接受。前提是,你必须具备婉言反对的本事。

美国一家贸易公司的经理设计了一个商标,开会征求各部门的意见。

经理进行了以下说明:"这个商标的主题是旭日,寓意是希望和光明。同时,这个旭日类似日本的国旗,日本人一定会非常喜欢的。"

营销主任和广告主任都极力恭维,觉得这个商标棒极了。可是代理出口部主任出席的青年职员却说:"我觉得这个商标不太好。"顿时,全场变得鸦雀无声。

"为什么?你不喜欢这个商标?"经理惊讶地问道。

"我并不是不喜欢这个商标。"青年坦然地答道。事实上,他的确不喜欢商标上的红圈圈。但是,他知道和经理就审美能力而争辩毫无用处,于是话锋一转,说:"我只是觉得它太好了。"

经理眉开眼笑地说:"你这是什么意思呢?请你解释一下吧。"

"这个设计鲜明,而且自然生动,因为和国旗相似,所以所有的日本人都会喜欢。"

"没错啊。"经理有点不耐烦了。

"但是,中国也是我们在远东的重要市场之一,而中国人肯定不会喜欢和日本国旗很像的东西,怎么会买我们的产品呢?按照公司的营业计划,我们要增加对华贸易,但是很明显,这样的商标绝对不可能让我们在中国达成目标,这不是顾此失彼吗?"

"太感谢你的提醒了,这的确是我的疏忽。"经理激动得站了起来。

如果这位青年也和其他人一样唯唯诺诺,让商标变成现实,产品运到中国后一定会业绩惨淡。等到存货被退回总公司时,如果知道真正的原因是商标不当,代理出口部主任出席的青年将难辞其咎。

要向一个人表达反对意见,就必须保证自己理由充足,并且要让他彻底信服,就需要运用一定的技巧。那位青年就是委婉地表示了反对,用一句恭维话让经理高兴,维护了经理的颜面。虽然后来他给出了充足的反对理由,也不会让经理觉得难堪。

请记住,提出反对意见时要委婉一些,千万不要伤害他人的自尊心,不要让他人有被强迫或难堪的感觉。最好的结果应该是:即便你反对了他,他仍然觉得很自得。

学习这种委婉反对的方法时,要遵循以下规则:

(1)必须向对方说明自己反对的理由。

(2)最好用委婉含蓄的暗示提出反对意见。

（3）不要把责任全部推给对方，闪烁其词。

（4）一定不要伤害他人的自尊，要让对方知道你的反对是迫不得已的，你对此也觉得很抱歉。

以退为进：退一步，进两步

中国有个成语叫作"以退为进"。列宁也曾写过一篇文章，叫《退一步，进两步》，说的就是这个道理。在体育项目中我们还可以看到这个道理的更好体现。踢点球的球员往往先退几步，才能又准又狠地把球踢进球门；投掷标枪的运动员，在投掷的时候也是先退几步，才能获得更大的力量。如果你有了目标就不分轻重地去狂轰滥炸，出现的结果不一定就好。不如先退一步，以退为进，才能很好地达到目标。

道格拉斯和林肯的辩论十分有名。但是在历史上他们还发生过一次有趣的对话。

道格拉斯在总统竞选中输给了林肯。但他很不服气，总想找机会给林肯一点难堪。这一天他见到林肯，便大声地对林肯说："总统先生，记得你以前只是个小商店的服务员，卖着劣质的酒和雪茄，不过你可真是个有风度的服务员啊。"道格拉斯想在众人面前给林肯难堪。

林肯也明白了他的意思，面对众人，他回答道："你说得一点没错，我原来的确当过服务员。那时候道格拉斯先生还是我的常客，我们分别站在柜台的两侧，可是现在我已经从那里走出来了。可道格拉斯先生你还是在柜台的那一侧,不肯离开。"

面对道格拉斯对自己过去的嘲笑。林肯并没有否认,乍看之下似乎林肯已经示弱了,但是林肯正是运用了以退为进的策略。他先大方地承认了自己的过去,然后话锋一转,把两人现状做了很好的对比,这种对比引发的反差,让发难者无地自容。

还有一个故事说的也是以退为进的妙处。《史记·滑稽列传》中记载着这样一则幽默故事:

楚庄王十分钟爱一匹马,由于过分喜欢,楚庄王从来不舍得骑这匹马。但这匹马最后因为太肥胖而死了。楚庄王十分伤心,他命令全国悼念这匹马,并要为这匹马专门准备一口棺材,按大夫的礼节举行葬礼。

文武百官见他做出如此荒诞的行为,纷纷上前劝阻。楚庄王心生怒火,下令谁再劝阻,就砍了谁的头。

有个叫优孟的人听说了这件事,进宫后大哭起来。楚庄王问他为什么哭,优孟说:"这匹马是大王最疼爱的马,楚国这么大,什么东西都有!倘若只以大夫的标准来给马下葬,岂不是太委屈它了,枉费大王的一片疼爱之心啊!我觉得大王应该用君王的标准来厚葬它。"楚庄王听到后十分高兴,赶紧问他应该怎样下葬才最好。

优孟说:"最好用上等的玉石做棺材,请最好的工匠雕刻上最精美的花纹,然后用梓木做外椁。还要建一座庙宇,给马立个牌位,放在里面,并追封它为万户侯。这样天下的人就知道,大王是轻视人而重视马了。"

楚庄王听到这里,终于醒悟了过来,并对优孟的一番苦心赞叹不已。

优孟看上去是在顺着楚庄王的意思，应该违背礼节给这匹马厚葬，甚至要提高到君王的等级。事实上他正是用这种以退为进的方法，顺着楚庄王的意思把事情推理到极其荒唐的地步。最终不仅提醒了楚庄王，还很好地避开了他的排斥心理。

面对目标，很多人往往会急不可耐，不顾一切地向着目标前进。他们表现出风雨无阻、勇往直前的作风。有这样的魄力固然是好事，但是我们也要冷静下来想一想：这种做法在任何时候都合理吗？

在生活中，我们若是也面临类似上述故事中的情况时，就不要一味地向前，而置自己于死胡同。我们不妨先退一步，试试以退为进，避免正面的冲突，做出表面妥协的样子，等到对方露出破绽时再给以反攻。从短时间来看，这样的做法也许是后退，但是把眼光放长一些，其实你已经稳稳当当地前进了一大步。

以毒攻毒，毒能解毒

人在说话时，一不小心会说出一些不合情理的荒谬论点，一旦对方说出荒谬的话，你的机会就来了！

在辩论中取胜的最好法宝是"以其人之道，还治其人之身"，按照对方的论理和手法对付对方，让其饱尝自己酿造的苦酒，从而认识到自己的荒谬而服输。

从前有个吝啬的地主，雇了三个小孩当长工。一年冬天，大雪纷飞，滴水成冰，孩子们要求地主给点柴火，好能生火烧炕来取暖。

但是，狠心的地主却说："怕什么冷？俗话说，小孩屁股三把火，要烧什么炕？"硬是让孩子们睡凉炕。

有一天，地主家来了客人，地主便吩咐小长工去烧开水，可是等了老半天，还不见开水烧出来。地主急忙到厨房一看，只见地上放着一壶凉水，三个小长工屁股对着水壶，正坐着聊天！地主看了勃然大怒，大声喝道："你们在搞什么名堂？"

"烧开水呢！"

地主听完，更是火冒三丈："你们连火都不点，怎么烧开水？"

其中一个小长工不慌不忙地答道："老爷，您不是说过吗？小孩屁股三把火，我们三人共有九把火，怎么会烧不开呢？"地主又气又恼，但又不好发作。

长工在这里巧妙地引用了地主曾说过的话，使地主无可奈何。

"以毒攻毒、以谬制谬"，是在言语辩论中用对方的荒谬逻辑推出更为荒谬的道理来反驳对方，令对方哑口无言，搬石头砸自己的脚，观点不攻而破。

有一天，古希腊的文学家欧伦斯庇格去饭店用餐，店主的牛肉没烤好，可是他很饿了，店主这时建议说："谁要是等不及正餐，就可以随便先吃点现成的东西。"于是，他就吃了不少干面包。

吃饱之后，他坐到烤肉炉边，等到肉烤熟后，店主请他上桌就餐，他随意回答说："烤肉的时候，我闻味儿都闻饱了。"说完之后就躺在炉边打起盹来。最后，当店主来收烤肉钱时，欧伦斯庇格因没吃烤肉，而拒绝付钱。店主说："掏钱吧！你不是说你闻肉味儿都闻饱了吗？所以你应与吃肉的人付一样多的钱。"

于是，他掏出一枚银币扔到长凳上，对店主说："你听到钱的声音了吗？"

店主说："听到了。"

欧伦斯庇格马上拾起银币，又放回了钱袋："我的银币的声音正好够付我闻了你的烤肉味儿的钱了。"

店主无可奈何，只好让欧伦斯庇格走了。

洞察对方的荒谬论点，看其论点是否真实，其论据是否能支持论点，推理过程是否符合逻辑；如果结论是否定的，就可以把对方的荒谬论点夸大，使其暴露得更为明显，以达到反驳的目的。

一个年轻人想到大发明家爱迪生的实验室工作。爱迪生问他有什么志向，年轻人满怀信心地说："我想发明一种万能溶液，它可以溶解一切物品。"

爱迪生听罢惊奇地问："那么你想用什么器皿放置这种万能溶液呢？"

年轻人面红耳赤，哑口无言。

爱迪生从"溶解一切物品"这个概念出发，引出并指明其自相矛盾之处，从而轻而易举地驳倒了年轻人的观点。

反驳,要强势来袭

喜欢攻击别人的人,他们往往自以为是地以为自己站在了道德高点。他们摆出一副盛气凌人的样子,对别人横加指责,然后一脸得意地看着对方的窘态,心中窃喜。这样的人很强势,不允许别人质疑自己的话。身处这种境况时,我们需要回马一枪,命中要害。

起初我们往往会处于弱势,这就更需要在还击的时候注意气势,只有强势的还击才可以让对方看到你坚决的态度。一个已经处于弱势的人,在还击的时候若是没有气势,他就只能弱下去。

在如何应对别人恶言相向的问题时,童年的孔融给我们树立了好榜样。冯梦龙的《古今谈概·机警部》中记载了一段孔融小时候的故事:

汉末文学家孔融,字文举,他在十岁那年,随父亲来到洛阳。当时正在担任司隶校尉(督察官)的李膺(字元礼)声名显赫,能拜访他的不是显要人士,就是他的亲戚。

孔融来到他家门前对役吏说:"我是李膺的亲戚。"这才被放进去,坐到了李膺面前。

李膺问:"你和我有什么亲戚关系?"

孔融回答:"过去我的祖先孔子与您的祖先老子有师生之谊,所以我和您是多少代以来的通家交情啊。"

李膺问:"你要吃点什么吗?"

孔融回答:"要吃。"

李膺说:"我来教你做客的礼貌,只能推辞,不能答应主人。"

孔融反唇相讥:"我来教你当主人的礼貌,只管摆上食品,不要问客人吃不吃。"

李膺没办法,只好说:"可惜我快死了,不能看见你飞黄腾达的那一天。"

孔融说:"您离死还早呢!"李膺问他有什么根据。

孔融回答:"'人之将死,其言也善。'您刚才说的话就很不友善,所以还没有到死的时候。"

正巧这时大夫陈韪也来了,听到这些话,他说:"小时聪明,长大不一定杰出!"

孔融回答:"想必您小时候一定聪明。"

在这个故事里,连番发难于孔融的李膺和陈韪也非等闲之辈,他们在看似平常的语句中绵里藏针。好在孔融机智过人,简洁有力的回击恰到好处。尤其是当大夫陈韪那句"小时聪明,长大不一定杰出!"说出后,孔融毫不退缩地回击一句"想必您小时候一定聪明"。顿时让他哑口无言,真是精彩至极。

美国著名诗人惠特曼也遇到过类似的情况,而且像他这样一个公众人物经常在公开场合被人发难。他总是以他特有的略带攻击性的幽默进行还击。这种富于攻击性的幽默，让他在群众中产生了很大的影响力。

一次，惠特曼在大会上演讲，他用自己诙谐、幽默、锋芒毕露、铿锵有力的演讲获得了在场听众的阵阵掌声。

忽然台下有人大喊道："惠特曼先生，您讲的笑话我不懂！"

"您莫非是长颈鹿！"那人话音刚落，惠特曼便感叹道，"只有长颈鹿才可能星期一划破了脚，到星期日才感觉到疼的！"

话毕，不少观众都窃笑起来。

"我应当提醒你，惠特曼先生，"那位观众不依不饶，挤到主席台前嚷道，"拿破仑有句名言：'从伟大到可笑，只有一步之遥！'"

"不错，从伟大到可笑，只有一步之遥。"他边说边用手指着自己和那个人。

最后，那位观众在大家的嘲笑声中狼狈地走出了会场。

他人的指责和非难，往往出乎我们的意料，总是如暴风雨般突然来袭，意图在我们没有准备的时候将我们打倒。这时就应该像惠特曼，绝对不含糊地给对方最致命的反击。

如果反击的方式不合理，不仅不能命中对方要害，自己的利益也得不到维护，还可能给旁观者留下狗急跳墙、垂死挣扎的印象。所以我们在遇到这样的情况时，应该像孔融和惠特曼一样，不仅不忍让退缩，还要以更强势的态度进行有力的回击，让发难者无处可逃，自食其果。

迂回出击，克敌制胜

清朝著名才子纪晓岚非常能说会道，数次在乾隆皇帝面前把要"掉"的脑袋保住了。

有一回，乾隆皇帝想开个玩笑以考验纪晓岚的辩才，便问纪晓岚："纪爱卿，'忠孝'二字当作何解释？"

纪晓岚答道："君要臣死，臣不得不死，是为忠；父要子亡，子不得不亡，是为孝。"

乾隆皇帝立刻说："那好，朕要你现在就去死。"

"臣领旨！"

"你打算怎么个死法？"

"跳河。"

"好吧！"乾隆皇帝当然知道纪晓岚不可能去死，于是静观其变。不一会儿，纪晓岚回到乾隆皇帝跟前，乾隆皇帝笑道："纪爱卿何以未死？"

"我碰到屈原了，他不让我死。"纪晓岚回答。

"此话怎讲？"

"我走到河边，正要往下跳时，屈原从水里向我走来，他说：'纪晓岚,你此举大错矣!想当年楚王昏庸,我才不得不死;可当今皇上如此圣明,你为什么要死呢?你应该回去先问问皇上是不是昏君,如果皇上说他跟当年的楚王一样是个昏君,你再死也不迟啊!'"

乾隆皇帝听后,放声大笑,连声称赞道:"好一个如簧之舌,真不愧为当今的雄辩之才。"

这里,乾隆皇帝是根据纪晓岚提出的"君要臣死,臣不得不死,是为忠"之论叫他去死。此令顺理成章,纪晓岚临阵进退皆无道理,只有迂回出击,方能主动创造契机,指出如果皇帝承认自己是昏君,他就去死。而乾隆皇帝当然不可能承认自己是昏君,所以,纪晓岚很自然地也就把自己从"死"中解脱出来。

纪晓岚巧用"迂回出击"的技巧,在毫不损害乾隆皇帝面子的情况下,既拍了皇帝的马屁,又点出他的无理之处,还为自己找到了一个不死的充分理由。

对于一些不能得罪的人提出的难题,不要急于做正面的反击。可以采用迂回的策略,尽量避开对手的优势,趁势抓住对方的漏洞,不动声色地予以反击,进攻其薄弱环节,从而克敌制胜。

第八章

柔软对话效果更佳

横冲直撞,非死即伤

朱熹说道:"守正直而佩仁义。"意思是说,做人要存正直之心,行仁义之德。做人正直是必需的,但直言不讳地说话,却不是什么情况下都好使,而且大多数情况,它都不好使。

不恰当的直言直语,总是会让听者误解为批评和否定,像炸弹般轰炸着对方的耳朵。这不仅会让别人顾虑重重,增加心理压力,还有可能给自己带来不必要的麻烦。因此话要说得委婉点。拐着弯说话看似是在走弯路,实则它却能使你避免掉很多的障碍,最终实现你的目的。这种说话方式正是"曲径通幽"。

伟大的画家毕加索一生都在反对侵略战争,追求世界和平。在第二次世界大战巴黎沦陷以后,德国的将领和士兵经常出入毕加索的艺术馆,兴趣盎然地讨论着他的作品,这些侵略者受到了主人的冷落。

有一天,毕加索一改他冷淡的态度,一大早便站在艺术馆的门口,向每个德国军人分发他的名画《格尔尼卡》的复制品。这幅画生动地描绘了西班牙城市格尔尼卡遭德军飞机轰炸后的惨状。一个德国军官兴奋地指着这幅画问毕加索:"这是您的杰作吗?"

"不，"毕加索面色严峻地说，"这是你们的杰作！"

追求和平的毕加索必然对这群刽子手深恶痛绝。但是如果他愤怒地去痛斥这群侵略者，一定会给自己招来杀身之祸。所以他明智地选择了这样一种方式，委婉恰当地回击了对方，既保全了自己，又将自己的态度鲜明地表露了出来。

有人说，说话的方式决定了一个人的交往能力。而我们大部分时间说话是为了表达自己的态度，怎样表达自己的态度就决定了你将怎样的自己展现给别人。在社会的最小单位——家庭中，充满着亲情和爱情。在这里，我们的表达方式则需要更加委婉和小心。有时候即便是出于善意，太直白的言语也会将和睦的家庭弄得支离破碎。

有位妻子在煲汤的时候不小心多放了些盐。丈夫尝了尝汤，先是眉头微微一皱，然后轻轻地问道："家里还有盐吗？"

"当然有啊，"妻子回答道，"要不我现在就给你拿来？"

"不用了，亲爱的，我以为你把所有的盐都放汤里了呢？"

丈夫只是在委婉地提醒妻子，汤的味道有点咸。如果他直白地说出自己的意见，则很可能伤害到妻子的自尊心；而他以这样一种委婉的方式说出来，不仅达到了提醒妻子的目的，还很好地维护了夫妻间的和谐。

在家庭生活中，我们往往会遇到亲人们一时的失误。在这时，如果我们不注意自己的措辞，便会在家庭关系中留下不小的阴影。因此怎样委婉地表达自己的态度尤为重要。

当妻子在挑选一件衣服并征求丈夫的意见时,丈夫觉得这件衣服颜色太过鲜艳,与妻子的年纪不符。如果丈夫直白地说:"你的审美观是不是出了什么问题?都四十多岁的人了还要穿着这么鲜艳的衣服跑出去吗?难道不怕别人笑话吗?"我想天底下任何一位妻子听到这样的话后,自尊心都会很受打击,并且还可能会抱怨丈夫不体贴,不懂得爱护女人的爱美之心。如果丈夫能够顾及这一点,以略带玩笑的口吻暗示道:"女儿那么年轻,穿上这么鲜艳的衣服一定美得像花一样。"妻子在明白丈夫的暗示后,也一定会对丈夫委婉的措辞大加赞许。

把上面的道理放大到我们周围,便能为我们的说话方式提供一个很好的榜样。自古以来,人与人的交流都是双向的,你能够很好地表达自己,便能让别人更好地接受你。

在竞争如此激烈的今天,与别人观念上的冲突是我们不可避免的。如果表达的时候横冲直撞,则很有可能非死即伤。而如果我们都能用一种更加委婉的方式表达自己的思想,那么在竞争中我们就占了很大的优势。

话在明处，意在暗处

在与人交往的过程中，开门见山、直截了当有时候能够让对方更直接地明白自己所表达的内容。但有的时候，直言却是一把伤人伤己的双面利刃，给人的感受太直观，容易伤到对方的自尊心。喜欢直言的人，性格一般都比较豪爽，有正义感，所以语言的爆发力和杀伤力也会更强，在直言指陈他人处事不当，或纠正他人性格上的弱点时，会伤害到对方，也会让自己以后的处境不佳。

委婉是一种颇有奇效的黏合剂，比直言不讳更容易让人接受。当然这里的委婉不是虚与委蛇，而是在坦诚开放的基础上，采用声东击西的说服方法，通过曲折隐晦的语言形式，把自己的思想、意见暗示给对方，可在达到批评目的同时，避免难堪的场面。

所以说，委婉含蓄的语言，是规劝他人的有力武器，更容易让被劝说对象接受和认同。虽然条条大路通罗马，但我们在与人交流时还是要讲究方式方法，中国人一直很欣赏曲径通幽的含蓄美，那么我们不妨在与人沟通时就多用委婉的表达方式，让对方感受到我们的尊重，免除怨怒，促进人与人之间友好和谐的氛围。

委婉含蓄地表达可以用在很多方面，如让人不便、不忍或者是语境不允许直说的话题内容,这个时候就要将"词锋"隐遁,或者是把"棱角"磨圆一些,如当你想劝解遇到困难就不敢前行的人时,不妨先给他鼓励,然后再劝诫:"你一直是个有主见、有决断的人,为什么这次前怕狼后怕虎,不像你啊?"正如丘吉尔所说:"要让一个人有某种优点,你就要说得好像他已经具备了这种优点。"由于你已经给他了一个很高的定位,所以他一定会努力地前行,改变现在这种不利的境况。如果你直接地批评他太笨、畏首畏尾,一定会打击到他,从而影响他的决断。

有些善意的提醒或者是规劝如果能够用委婉的方式表达出来,更容易让人接受。

有一个倒卖香烟的商人正在滔滔不绝地为他的香烟做广告,大肆向人们宣扬吸烟的好处,这时候一个老人走到台上,对台下的人说:"其实除了这位先生讲的之外,吸烟还有三大好处。"商人一听眼睛就亮了,赶紧恭维着说:"一看您就是学识渊博之人,那您就给大家讲讲吧。"

老人不慌不忙地说:"第一,狗见到经常吸烟的人会自动退避三舍;第二,小偷不敢光顾经常吸烟者的家中;第三,经常吸烟的人永远年轻。"听完老人的话后,商人暗暗高兴,台下的人也开始交头接耳。

老人环视了一圈之后,说:"其实这是有原因的,吸烟的人容易驼背,狗以为他在弯腰捡石子打它,所以会远远地避让;吸烟的人肺不好,容易咳嗽,小偷还以为主人没有睡着,所以不敢去偷东西;吸烟的人不长寿,所以永远年轻。"台下的人们听完解释之后一片哗然。

试想一下,如果老人直接规劝大家,陈述吸烟对健康的危害,一定不会给人留下深刻的印象，也许有人还会嗤之以鼻。所以有时候迂回一些，更容易达到目的。

可能有人会说，并非所有的人都要委婉地表达自己的见解，如果是这样的话，那么我们要诤友做什么？古人说："砥砺岂必多，一璧胜万珉。"意思是说，交朋友不在多，贵在交诤友。如果人们能结识几个诤友，那么前进的道路上，就会少走弯路，多出成果，事业发达。然而，在各种各样的朋友中，最难结交的也是诤友！更重要的是，并非所有的人都能够有足够开阔的心胸去接受他人的直言，而且我们对话的对象并不一定都是自己的朋友，所以要多用委婉的方式和他人相处，正话要反说，硬话要软说，让自己的舌头打个弯，减少不必要的摩擦。

战国时期，公输班替楚国造云梯，准备用它来进攻宋国。墨子听到这个消息后，从鲁国出发，走了十天十夜到达郢都，见到了公输班。公输班问："先生有什么教导呢？"

墨子说："北方有一个欺侮我的人，我希望借助你的力量去杀了他。"公输班听后很不高兴。

墨子先生说："请让我奉送（给您）千金（作为杀人的报酬）。"

公输班说："我崇尚仁义，从不杀人。"

墨子见公输班口称"仁义"，正中下怀，他立即借题发挥、慷慨激昂地说："请允许我向你说一些话。我在北方听说你在制造云梯，将要用它来攻打宋国。宋国有什么罪呢？楚国地广人稀。损失不足的（人民）而去争夺多余的（土地），不能算是聪明。宋国没有罪却攻打它，不能算是仁义。明白道理却不向楚王进谏，不能叫作对君王忠诚。诤谏却没有达到目的，不能算是坚强。你崇尚仁义不愿意帮我杀死一个（欺负我的）人却愿意帮楚国攻打宋国杀死很多人，不能叫作明白事理。"

公输班无言以对，只得承认自己造云梯攻打宋国是不对的。

在谈及正题之前，墨子先借由请求公输班帮助他杀掉欺辱他的人来引出公输班"我是仁义的，不能随便杀人"的观点，给墨子进入正题提供了最需要的大前提，并抓住契机，雄辩分析，向公输班连发责难，使公输班欲辩无词，除了认错，别无他路。如果墨子一来就将自己的观点强加给公输班，一定很难到达目的。所以有时候委婉地劝诫很重要。

给个暗示，聪明人不明说

人与人之间的相处有很多种方式，暗示是比较特殊的一种。所谓的暗示就是通过隐晦、含蓄、委婉的方式将自己要表达的内容或者是信息传达给对方，并以此来影响对方的决断，接受暗示者的建议、意见或者改变自己的行动。

这是发生在美国经济大萧条时期的故事。一位17岁的女孩很幸运地在一家珠宝店找到了一份售货员的工作。一天，店里来了一位衣衫不整、满面愁容的顾客，他只是呆呆地盯着首饰发呆，并没有要买的意思。

这时电话响了，女孩对客人说了声抱歉，去接电话，由于过于匆忙她不小心打翻了碟子，里面的6枚宝石戒指落到了地上。女孩赶紧蹲下身去捡，可是最终只找到了5枚。这时，她看到柜台前的那位客户匆匆向门口走去，突然想到什么，于是女孩在顾客走出门前叫住了他："对不起，先生，请留步！"顾客转过身问："有什么事？"女孩看着他略带尴尬的脸，没有作声，于是顾客又出声问道："有事你就直说吧！"女孩神色黯然地看了他一眼，然后说："先生，现在经济不景气，我好不容易才找到这份工作，如果丢掉了，很难再找到工作。您觉得呢？"

顾客静静地直视着她，然后尴尬慢慢褪去，浮出一丝笑容，回答道："是的，确实如此。"女孩感激地一笑，说："如果是您做这份工作，一定比我干得好。"终于，顾客退回店里，将手伸向她，说："我可以祝福你吗？"女孩微笑着伸出手与他相握，说："也祝你好运！"顾客转身走了，女孩走向柜台，将手中握着的第六枚戒指放回了原处。

其实，这位顾客的行为可以算作盗窃，可是女孩没有声张，而是用委婉的方式向他暗示，而顾客也接受了她的好意将东西物归原主。我们试想一下，如果女孩将事情扩大化，会是什么结果呢？等待那位顾客的是法律的制裁，或许还会因为这件事情改变他的一生，或许顾客会发难，女孩受伤，无论是哪一种，都没有女孩通过暗示解决这件事情来得圆满。

南唐的名臣申渐高也善用这种方法。南唐苛捐杂税很多，百姓苦不堪言，大臣们虽多次劝诫烈祖减免赋税，但是烈祖不为所动。加之天公不作美，京都连年大旱，民不聊生。

一天，烈祖与群臣集会时问道："听闻全国各地多处逢甘露，为什么唯独京都迟迟未见有下雨的征兆啊？"大臣们都低头不言。申渐高察觉到这也许是一个劝诫的好机会，于是站出来说："大概雨也怕收税吧，所以不敢来京都。"

烈祖天生睿智，怎么会不明白此话暗含的意义，于是立即颁旨，减免税赋，百姓终于得以喘息。

为什么之前大臣们多次进谏都没有效果，而申渐高轻巧的一句话就让烈祖改变了主意呢？天威不可测，大臣们直言相劝，帝王会觉得自己的命令朝令夕改很没有面子，而且帝王拥有无上的权力，怎么可能受他人左右呢？所以即便知道自己错了，为了面子也不会接受大臣们的建议。可是申渐高没有直言，而是用暗示的方式提醒烈祖，既达到了劝诫的目的，又给烈祖留了面子，所以才会收到奇效。

可见，直接的表达未必能收到预期的效果，不妨换一种间接委婉的方式，于人于己，有利而无害，何乐而不为呢？

转个弯才不会撞墙

说话的时候心眼太直就容易撞墙,用一句小品台词来概括这类人便是"脑筋不会急转弯"。说话碰壁的滋味的确不好受,碰了一鼻子灰不说,还容易遭到别人的白眼。

怎么说话才能不碰壁呢?那就是遇到困难的时候要懂得转弯。

有一位才华横溢的先生,他认真努力地生活着。然而,他直言不讳的性格,致使他所有的努力都付诸东流。他好像永远都无法与他人和平共处。

他总是做那些不该做的事,说那些不该说的话,并在无意中伤害他人的感情,这所有的一切完全抵消了他努力取得的好结果。努力变得毫无意义,因为在他的头脑里压根就没有"把话变个方法说"的观念,他一直都在不断地得罪和冒犯他人。

我们都认识这样的人,他们以无拘无束、鲁莽直率的说话方式为荣。他们认为这是一种诚实的表现,是一种独特的个性象征。在他们看来,那些迂回曲折的表达方式和人际交往中常用的外交辞令,都是懦弱和虚伪的表现。他们所信奉的是"有什么就说什么"。然而,这样的人永远都不可能取得成功。

尽管人们相信他们是诚实的,但是由于他们不愿意把话裹上一层糖衣,不善于察言观色，他们常常把事情搞得一团糟。他们不知道如何有效地影响和驾驭他人——他们在人群中总是显得那么格格不入，总是处于极度尴尬的境地。每次他们在我们面前说话，总是会触及我们的痛处，常常惹得我们火冒三丈。这样的人怎么可能会成功呢？

人们都喜欢受到体贴入微的关怀，喜欢被别人温柔地对待，希望和聪颖机智的人打交道。那些以毫无顾忌地、直来直往的说话方式为荣的人，通常也不会有太多的朋友，也不会在事业上取得较大的成功，而且很多时候，会不自觉地对他人造成伤害。

因此，即使是讲真话也要把它转变成别人能接受的方式说出来。

德皇威廉二世派人将一艘军舰的设计图交给一位造船界的权威人士，请他评估一下。他在所附的信件上告诉对方，这是他花了许多年、耗费不少精力才研究出来的成果，希望能仔细鉴定一下。

几个星期之后，威廉二世接到了这位权威人士的报告，这份报告附有一沓十分详细的分析推论，文字报告是这样写的：

"陛下，非常高兴能见到一幅美妙的军舰设计图，能为它做评估是在下莫大的荣幸。可以看得出来这艘军舰威武壮观、性能超强，可以说是全世界绝无仅有的海上雄狮。它的超高速度前所未有，而武器配备也是举世无双；至于舰内的各种设施，将使全舰的官兵如同住进一间豪华旅馆。但这艘举世无双的超级军舰还有一个小缺点，那就是如果一下水，马上就会像只铅铸的鸭子般沉入水底。"

本来就是玩票性质的威廉二世，看完这个报告，不禁一笑。

其实这位造船界的权威人士的意思就是这张设计图根本是张废纸。但他如果直言不讳地说"陛下,您的设计图一点也不适用,只有一个空架子",结果会怎么样呢?想必大家都能想象得到吧。

所以一定要明白良药不一定要苦口的道理。即便出发点是为他人着想也需要裹上一层糖衣,让别人有如沐春风之感。

在自习课上,不知道哪位同学突然放了一个响屁,引得全班同学哄堂大笑,还有不少男生骂那位学生没修养,而女生们则用手在鼻子前扇动,整个教室一时炸开了锅。

在混乱时刻,班长站起来大声说:"安静,乱放屁的人也太没修养了嘛,污染空气真缺德。笑的人、扇屁的人也没涵养,吃了五谷,哪个人又不放屁呢?"班长的话如水投石,引得满堂议论,大家都愤愤不平,说班长没涵养,说话没分寸,班长顿时成为众矢之的,难堪极了。

恰在这时,李老师走了进来,沸腾的教室顿时鸦雀无声。细心的李老师发现每位学生都带着怒气,于是请了一位同学到教室外了解情况,之后将班长请进办公室,给他讲了一个故事:

明朝开国皇帝朱元璋,少年时当过放牛郎,交了一些穷朋友。称帝后,他总有一种高处不胜寒的感觉,总想找昔日的朋友叙叙旧。

一天,果然来了一位旧友,进宫之后指手画脚地说:"皇上还记得吗?从前你和我都替财主放牛。有一天我们在芦花荡里,把偷来的青豆放在瓦罐里煮,还没等煮熟,大家就抢着吃。你把罐子都打烂了,撒了满地的青豆,汤也泼到地上了,你只顾从地上抓豆吃,不小心把草叶送进嘴里,卡住了喉咙。还是我的主意,叫你把青菜叶吞下,才把卡在喉咙的草叶咽进肚里去了。"朱元璋听了他的述说，在百官面前颜面尽失。为了保住颜面，他把脸一沉厉声喝道："哪来的疯子，替我乱棍打出去！"

这个抱头蹿出的倒霉蛋，见到朱元璋的另一位旧友——昔日的同路放牛娃，于是向他诉苦，说朱元璋不讲情面，那位朋友抿嘴一笑，说："你看我去，保得富贵。"

于是他大摇大摆地走进宫中，一见朱元璋，低头便拜，然后叙起旧来："皇上还记得吗？当年微臣随皇上大驾骑着青牛去扫荡庐州府，打破了罐州城，汤元帅在逃，你却捉住了豆将军，红孩儿挡在了咽喉之地，多亏菜将军击退了他。那次战斗我们大获全胜。"朱元璋对旧友吹嘘的那场战争心知肚明，他把少年窘迫之事说得含蓄动听，面上有光，又想起当年大家饥寒交迫有难同当的情景，心情激动，立即给这位旧友封了一个官职。

听完故事之后，班长很愧疚地说："李老师，我知道自己错了，不该讲话那么不留情面。"

巧的是，不久班里又发生了同样的事情。这一次班长吃一堑，长一智，委婉含蓄地说："污染空气的同学请注意憋气；讥讽憋不住气的同学，请注意养气；我们要保持清新的空气和安静的环境，大家都要有爱心和正气。"班长这样一说，教室里很快就恢复了平静。

面前出现了一堵墙，以头撞墙的过墙方法可是最愚笨的，转个弯绕过去就可以了。

移植意见，让对方觉得那是他的主意

战国时期，陈轸来到秦国，正赶上秦惠王为一件事发愁。当时韩、魏两国互相攻打，打了一年也没分出胜负，战争一直持续着。

秦惠王想凭借自己的实力来阻止这场战争，一是彰显一下自己的实力；二是以阻止战争为借口，然后趁机消灭两国。于是他去向朝中的大臣询问对此事的看法。

大臣们都各执一词，有的认为阻止这场战争好，有的认为不该阻止这场战争。最终秦惠王也没能下定决心。秦惠王见众官的说法都不一样，一时间不能决定，所以就想听听陈轸的想法。

陈轸听秦惠王诉说完自己的烦恼以后，并没有直接谈论这场战争，而是给秦惠王讲了一则《两虎相争》的寓言故事：

从前，有个人叫卞庄子，以开旅馆为业，因此人们也叫他馆庄子。他雇用了一个小伙计帮助自己。卞庄子为人好斗，而且他确实有些本事，敢只身斗老虎。

有一天，一个牧童跑来，对卞庄子说："不好了！两只老虎正在争吃我的牛呢！你快帮帮忙把老虎赶跑吧！"

听后，卞庄子热血沸腾，全身上下似火在烧般，当即提起宝剑随牧童跑到山上。到了山上，只见一大一小两只老虎正咬住一头牛，牛拼命地挣扎着。卞庄子二话不说，拔出宝剑就要去刺杀老虎。

这时，跑来的旅馆小伙计一把拉住卞庄子说："两只老虎正争着要吃牛，为了各自的口中食，它们必然会相互争抢，争抢就必然要互相搏斗。所谓'两虎相争，必有一伤'，而且死的那一只肯定是小老虎。等小老虎死了以后，大老虎肯定也要受伤。到时候你刺杀那只受伤的大老虎，轻而易举。这样一来，你只要刺杀一只老虎，就可以获得刺杀两只老虎的美名了。"

卞庄子认为小伙计说得有道理，于是他们就站在那里等着。

过了一会儿，两只老虎果然因为怎样分得食物的问题互相搏斗起来。正如小伙计所料，小老虎被大老虎咬死，大老虎也被小老虎咬伤了。这时卞庄子拿起宝剑刺死了受伤的大老虎，果然一举两得，获得了刺杀双虎的美名。

讲完这则故事，陈轸对秦惠王说道："现在韩、魏两国相攻，一年也没停止，这必然使大国受伤，小国灭亡。大王讨伐受伤的大国，这不就能一举消灭两个国家吗？这同卞庄子刺虎是同样的道理。"

这便是历史上著名的陈轸借虎谏秦王的故事。要知道在古代，向皇帝直谏可是非常不容易的事情。本书提到了一些大臣成功直谏皇帝的故事，这些大臣都是才智过人之人。直谏皇帝，仅仅有一片忧国忧民的心情还是不够的，臣子们的直谏能否被皇帝采纳取决于他们的讲话方式。

上述故事中的陈轸就是一个很好的例子。故事里，陈轸的想法是和皇帝相悖的，这样去劝谏皇帝就更有难度了。在这件事情的处理上，陈轸并没有直言皇帝的不对。因为若是他这样做的话，很容易让皇帝下不了台。

取而代之的是，他巧妙地借用了一则寓言故事进行劝谏。让皇帝自己对号入座，从而认清事实，自己做出明智的选择。这样的方法看似走了弯路，其实是有助于更快地达到目标。

这个故事也给我们提了醒，当我们要向领导提意见的时候，应当怎么说才合适呢？如果你一心为公司好，说出的意见却不被领导采纳，甚至引起领导的反感岂不是太冤枉。因此，在提意见前，多动动脑子是必要的。

人都是喜欢听好话的，领导更是如此。所以你在陈述自己意见的时候不要只盯着现状的不好说，你说话的重点应该放在自己意见实施后可能带来的好处上。

乾隆年间，林爽文在台湾兴兵起义，清廷镇压的部队屡屡受挫，引起了乾隆皇帝的担心，他表示要御驾亲征。

和珅在乾隆皇帝身边，看在眼里，急在心里，不就是一帮蟊贼吗？偌大的一个朝廷谁都管不了吗？非要让皇帝御驾亲征，这不明摆着大清国太弱了吗？如果御驾亲征，朝廷势必会乱作一团。

和珅很快转起脑筋，如果乾隆皇帝不去，谁能镇压下去呢？得想个办法，既能说到皇帝的心坎里，又能解决问题。

于是和珅对乾隆说：

皇上，台湾战事不佳有其深刻的原因，这么多年来，您爱民如子，轻徭薄赋，人头税都免了，只征一点儿地税，哪里找到您这么好的皇上？但是台湾不一定知道您的仁慈啊，不一定知道您的恩德，原因在于当地官员，您派去管理台湾的人没有把您的恩德带到台湾，所以才有人造反。依奴才愚见，最好还是做两手准备：继续用兵；裁撤台湾官员，重派新的官员，把您的仁德带给台湾人。

寥寥数语就说透了皇帝的心,最后乾隆皇帝决定派别人去征讨,同时,撤换了台湾的官员。

先仔细想想对方的顾虑,找出对方迫在眉睫需要解决的难题,并帮助其解决,对方听了怎么会不中用呢?在这一过程中,和珅很清晰地解决了三个问题:阻止了乾隆皇帝的亲征;夸了乾隆皇帝的功德仁义;指出了起义的症结和破敌的方略。这样向皇帝进言的下属,能被皇帝几十年如一日地喜欢呵护,一点也不足为怪。

领导也是普通人,他们也有自己的喜怒哀乐,所以提意见的时候要特别注意时机。倘若你选择在领导心情不好的时候,那么你就是撞枪口上了;在领导心情好的时候,你的意见更容易被接受。

说话要特别注意语气,最好能一直保持诚恳、认真的态度。只有先让领导觉得你可靠了,他才会考虑你提的意见。

提意见的时候要注意委婉,就像上面的故事里说的那样,懂得怎样去暗示自己想说的,才不至将话说得太直白,让领导感到难堪。

绕弯子，兜圈子

台湾著名综艺主持人于美人在谈自己的谈判技巧时，讲了这么一个故事：

一次，电视台老板要找我谈有关酬劳的问题。当然，我的目标就是加薪，但是我不知道要如何开口，于是我想起张良"计存太子"的故事，很想找一些演艺圈的老前辈来为我说情。不过根据学生时代的经验，这似乎不是个好方法！

我很想鼓起勇气直截了当地跟老板说："我要加薪！"但是我刚进入电视圈不久，如果讲得这么直接，会不会太过分呢？

为了这次薪资谈判，我挣扎了好多天，始终想不出该如何向老板开口。到了谈判的那天，我的脑袋还是一片空白，怎么办呢？只好临场发挥见招拆招了！

薪资谈判的那天下午，我与这位电视台老板相约在某家五星级饭店的餐厅喝下午茶。我们聊了很多，但是却没有半句话跟加薪有关。眼见这场下午茶就要结束了，我的内心开始焦虑起来。

正好这家餐厅里有位漂亮的女服务员正在为客人续杯。她朝我走来，礼貌地问我："于小姐，请问你要加茶还是加咖啡呢？"这时我的脑海中突然浮现出我老妈狂笑的脸庞，于是我福至心灵地大声对女服务员说："可以加薪吗？"老板听到我那"委婉至极"的真心话之后，居然跟我妈一样，大笑了三分钟。按照以往"大笑三分钟，好事自然多"的经验，我相信马上就会有好事发生。果然，老板笑完之后，立即同意给我加薪！

看完这个有趣故事的人，都会为于美人的聪慧而莞尔一笑吧！是的，有时候，你觉得很难说出口的话，只要换一种方式，好好地说出来，也会得到对方的理解。

在说服他人时，有时为了使对方减轻敌意，放松警惕，我们绕弯子、兜圈子，千方百计把话说好，才能将其套牢。

软化锋芒，含蓄说话

名医扁鹊，有一次去见蔡桓公。他在旁边立了一会儿对桓公说："你有病了，现在病还在皮肤里，若不赶快医治，病情将会加重！"桓公听了笑着说："我没有病。"待扁鹊走了以后，桓公对人说："这些医生就喜欢医治没有病的人来炫耀自己的本领。"

十天以后，扁鹊又去见桓公。说他的病已经发展到肌肉里，如果不治，还会加重。桓公不理睬他，扁鹊走了以后，桓公很不高兴。

再过了十天，扁鹊又去见桓公。说他的病已经转到肠胃里去了，再不从速医治，就会更加严重了。桓公仍旧不理睬他。

又过了十天，扁鹊去见桓公时，对他观望了一下，转身就走。桓公觉得很奇怪，于是派人去问扁鹊。

扁鹊对派来的人说："病在皮肤里、肌肉里、肠胃里，不论针灸或是服药，都还可以医治。病若是到了骨髓里，那还有什么办法呢？现在桓公的病已经深入骨髓，我也无法医治他了。"

五天后，桓公浑身疼痛，赶忙派人去请扁鹊。扁鹊却早早就逃到了秦国，桓公不久就不治身亡。

这就是历史上有名的"讳疾忌医"的典故。千百年来，学习这个故事的人们都会对蔡桓公的行为感到可笑。但是在服务业如此发达的今天，我们以另一种眼光去重新审视这个故事时，也许会有不同发现。

扁鹊在发现蔡桓公的病情后，直言不讳地告诉了他。其实每个人都很害怕自己的身体出现问题，加上蔡桓公当时身体的确没有异样的感觉，你叫一个身体没有任何异样的人去相信自己得了大病是很困难的。所以要是扁鹊能转化一下说话的方式，能够让蔡桓公接受自己的建议，在早期就接受他的治疗，也许结果就会大不一样了。蔡桓公不会身亡，扁鹊也不用逃到秦国。所以在这个故事里我们不仅看到了蔡桓公的讳疾忌医，也认识到了扁鹊直言不讳的害处。

在很多人的意识里，直言不讳是一个好习惯，直言不讳的人坦率、耿直。这种处世方式与圆滑相对，是许多人奉行的处世原则。但是某些情形下的直言不讳会给你带来害处，让你达不到最终目的。

一对夫妇，每个月都会给双方的父母寄生活费。因为家里的所有开销都由妻子负责，所以这件事情也由妻子全权代理。可是有一天丈夫却发现妻子每个月给自己的父母寄50元，给岳父岳母寄100元。虽然知道真相的丈夫很生气，可是又不想因为这个事情破坏夫妻的感情，但是任这种状况继续下去，他又不甘心，该怎么提醒妻子呢？连续几天丈夫都愁眉不展。当他看到在客厅玩耍的一对儿女时，突然有了好主意。

女儿比儿子大了几岁，所以丈夫每天下班之后总是会先抱抱儿子，和他亲近一会再陪女儿玩，可是这段时间妻子发现丈夫一反常态，回家之后不管儿子怎么讨好都会先抱着女儿玩耍，看到姐姐被爸爸抱，儿子觉得受了委屈，哭个不停，可是丈夫却熟视无睹，在满足了女儿的要求之后才会伸手去抱儿子。反复几次之后，妻子看不下去了，于是对丈夫说："儿子还小，你就不能先陪他吗？"

丈夫不紧不慢地说："这五十块钱的，还是你来哄吧！我要哄一百块钱的。"妻子一下子明白了丈夫这几天反常的原因，红了脸，从那之后她再没有给公婆寄过50元，而是和自己的父母一样寄100元。

故事中的丈夫很聪明，他没有直接指出妻子的错误，而是用实际行动加幽默的语言将妻子一步步引入自己设计的"圈套"，用弦外之音将自己对妻子错误行为的不满表达了出来，从而达到了自己的目的。

所以当我们想要指出别人错误的时候，千万不要直言，因为前人的经验告诉我们，与人相处，实话实说固然没有错，但是多数时候我们还是需要巧妙地拐个弯。

如你在指责对方的时候，能多找找自己的原因，是不是自己说的话没有吸引力，还是过于啰唆，没有做到简明扼要、引人入胜；抑或是没有重点，对方根本不知道你要表达什么，在这些思考之后，再去处理问题。

你可以笑笑说："我这个人最大的不足就是说话没有吸引力，说话的时候不能吸引别人的注意力，你们也是这样认为的吧？"这样一句看似自我检讨的话，不仅可以让在座的人认真听你讲话，还能让别人知道你是一个和善并善于找自己原因的领导。通常情况下，能做成这样的领导，在管理部下的时候也会变得得心应手，如鱼得水。